U0051737

彌勒淨土

維摩詰經：
欲得淨土，
當淨其心，
隨其心淨，
則佛土淨。

李清勳◎著

目錄

自序

已出版了四本書，每一本都有五篇天恩師德感應篇，當然第五本也不能例外。為了集結這五篇感應篇，前後等了六年。這期間雖有幾則顯化實例，但當事人都希望不要見諸文字，因而作罷，也因此拖延至今年三月，機緣終於成熟。

九十三年第一次踏上澳洲大陸，就被那壯麗的山河吸引，尤其到了布里斯本的忠恕道院，讓後學有如遊子歸巢，內心激盪不已。半年後再遊，依然思潮澎湃，因而寫下兩篇宏道遊記。「澳洲是人間最後的淨土」，老前人曾這樣讚嘆過。

「國學」在大陸正如火如荼的開展中，諸如兒童讀經、老人讀經……等已成為全民運動。《論語》也已成為家喻戶曉的顯學，電視、廣播、全國放送。據聞

韓道長的《百孝經》也在其列。如此一來就和我們有更多的交集。後學相信，上天已在暗中撥轉，但願早日老水再返潮。

《根深抵固，慧命永存》是為慶賀忠恕道院十週年慶而寫；《蛻變的喜悅》是應潘點傳師之邀而作；《讀「致中和，天地位焉，萬物育焉」有感》，是應萍江竹刊總編張點傳師之邀而寫。還有第一次參加基礎忠恕點傳師法會，心得多到可以寫成一本專集，但還是濃縮成一篇就好。古聯寫得好：「言易招尤，對朋友少說兩句。書能益智，勸兒孫多讀幾行。」

後學

李清勳　序于天直講堂

一〇〇年六月廿四日

早上五點三十分起床，盥洗畢，
便到附近社區走一大圈，碰到幾位外出運動的友邦人氏，
他們都主動的向我們打招呼，
腦海中的「白澳政策」，似乎已成過眼雲煙，
他們友善的態度，鼓起了後學回應的勇氣，
抬頭挺胸，邁開自信的步伐。

澳洲遊記

攝於世界著名的黃金海岸

緣起

和陳平常點傳師是三十年的老同學了，張老前人在六十三年設立「青年班」時，我們就是同班同學，約十年前，老前人曾率隊到澳洲參訪，大大讚嘆：澳洲是人間最後一塊淨土，希望儘早將大道傳來，還當場徵詢，誰能來此開荒？隨行人員皆指向陳點傳師，因為當時只有他機緣較為成熟，於是老前人指定陳點傳師，盡快辦妥移民，將基礎忠恕道場擴展到澳洲來。

陳點傳師率領王壇主、林壇主等三家人到澳洲布里斯本落腳，便積極展開建廟事宜，王永居壇主慈悲捐出了這塊五英畝的土地，約有二甲多，合約六千一百二十坪左右，經過兩年的溝通協調，和上天的慈悲撥轉，終於獲准興建，「澳洲忠恕道院」在一九九八年八月一日落成啟用，陳點傳師曾多次誠懇邀約，後學也答應他，退休後一定去拜訪他，順便了愿學習，今年機緣終於成熟了。

履前約關山飛渡　了心願四海一家

九月十六日晚上十點，搭華航班機直飛布里斯本，飛行時間約八小時三十分鐘，時差兩小時，下機時，當地是早上八時三十分，正逢週五遊客特別多，而海關又有人休假，只剩下六個窗口通關，整個大廳擠滿了人，花了近兩個鐘頭才出關，澳洲是個多元種族的國家，海關申報單有各國文字，當然也有中文，是繁

體字，所以通關還算方便，只是今天人太多了，好不容易出了海關，陳點傳師已在大門口等候多時，有擾老同學親自接機，真是感恩，他的大兒子柏廷君開車，雖是第一次見面，卻已一見如故，因為他在澳洲讀完大學，還特地回台灣當兵，年中才退伍，軍中表現優異，曾接受表揚和媒體專訪，是上了台灣大報的新聞人物——澳洲的台灣之子。

車子駛入彌勒路，一股莫名的興奮油然而生，在大門口看到四合院的神社建築就像見到失散多年的親人一般。思潮澎湃，激盪心切，熱淚早已盈眶，躬身進中堂，虔誠下拜，參完駕，陳點傳師親自導覽，帶後學繞場一週，澳洲忠恕道院果真名不虛傳，是基礎道場海內外占地最廣，最清幽、最漂亮的道場，清翠的草皮上，有諸多不知名的鳥四處遊逛，時值仲春，百花齊放，空氣中充滿花果的清香，站在山門放眼四望，心胸頓覺開朗，還沒看夠，吳壇主夫婦已到，約好一起去參觀「花園」，順便在郊外野餐。

整個下午沉浸在一片花海中，參觀了三個公園和一戶人家，每年春天都有庭園造景比賽，這戶人家精心設計的「花屋」榮獲首獎，真是實至名歸。公共花園的中式建築，有古典的庭院、小橋流水、亭台樓閣，蒼勁的翠竹更突顯花園的不俗，滿山遍野的花海，正告訴大家春神來了，「一年之計在於春」，好好把握吧！晚上到餐廳聚餐，算是替後學接風洗塵，真是感激。

道早安前愆盡釋
播福音廣結善緣

洪壇主有晨跑的習慣，後學有晨泳的習慣，雖然泳具都在行囊中，但初來作客，不敢造次，還是跟他去「晨走」吧！早上五點三十分起床，盥洗畢，便到附

近社區走一大圈，碰到幾位外出運動的友邦人氏，他們都主動的向我們打招呼，腦海中的「白澳政策」，似乎已成過眼雲煙，他們友善的態度，鼓起了後學回應的勇氣，抬頭挺胸，邁開自信的步伐。

一顆紅紅的大太陽，散發出萬道光芒，從對面的山後，冉冉昇起，心中充滿生機，下意識告訴自己，今天一定是豐收的一天。

週六上午有「青年班」，但是兩週才上一次，今天正好輪空，所以早餐後便在寢室準備功課，下午有初級部和地方班的課，「未後一著」資料或許豐富些，又是第一次和澳洲的道親接觸，所以講得很慢，一節課竟然講不完。地方大班有幾位友邦人氏來參班，設有同步翻譯，「地藏古佛慈訓」後學講得更慢了，當然一節課還是講不完。這兩堂課有個共同點，沒人打瞌睡，秩序非常好，陳點傳師同意下週同時段繼續講。晚香後一起吃自助餐，餐後陳點傳師慈悲安排，讓後學在會客室和大夥聊聊，作進一步成全，有諸多道親留下來雙向溝通，針對他們提出的問題，後學很誠意的說出個人看法，大夥都能接受，到十點鐘，不得不結束今天的行程，因為明天一早要搭機到雪梨，真是圓滿又豐富的一天，後學發現道親中，大陸同胞還不少，他們都非常優秀，能出國唸書，甚至移民來此的，想當然福報一定很大。

展外交空中幸會
驚天人帥哥接機

十九日上午十時，搭國內班機直飛雪梨，陳點傳師父子親自送後學通關，送行人居然可以送到登機門，還是第一次碰到，足見澳洲很尊重人權，而安檢更是完善，如此先進，值得一書讚嘆。候機時，後學發現有諸多友邦人氏，穿著夾腳

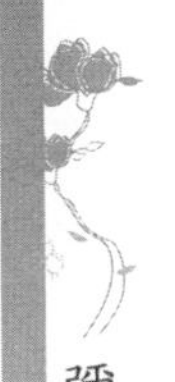

拖鞋，衣衫隨興，一派悠遊自在的模樣，也沒人要理睬，反倒是後學穿著白色長袖唐裝，外加藍色西裝外套，一本正經的模樣，引來不少人側目，第一次有被當「怪物」看待的感覺，豈是一個「糗」字了得！

座位靠走道，右手邊有兩個空位，幾乎快坐滿了，也到了起飛時刻，才看到空服員扶著一對老夫婦，彳亍而來，老先生還拄著枴杖，心想他們一定是坐隔鄰這兩個座位，果真如此，後學拉開安全帶，迅速站起來，讓二老入內就坐，老先生靠窗，老太太坐中間，他們很友善的和後學打招呼，還問後學從哪兒來？這裡不是「傷心酒店」，不能回答：「麥問阮畏叨位來」（台語）這正是作國民外交的最佳時刻，也是學講英文的好機會，後學很勇敢的說出媽媽的名字——TAIWAN。台灣之子的後學和這對友邦老夫婦，有第一類的接觸，是一趟快樂之旅，下機時和他們道別，老太太還說了一句：enjoy yourself！

雪梨的闕點傳師派一位乾道學長來接機，他是別組線的同修，父母都是點傳師，因為和闞小姐同學，知道本方道場只有她們母女在張羅，所以主動來幫忙，真是感激，後學讚嘆他累世有修，才能出生在修道家，而且父母親都領有天命，他本身又是個大帥哥，長得很像「好萊塢」巨星——基諾李維。

宏大道十項全能
歌劇院名不虛傳

闞點傳師已煮好午餐，參完駕，我們三人便開始用餐，沒多久，闞小姐（陳壇主），也來一起吃，飯後泡了一壺茶閒聊。陳壇主的夫婿是個律師，是香港人，被她感化來求道，也清口茹素了，育有一女，一家和樂融融，住在離中堂不遠處。陳壇主開了一家房屋仲介公司，生意還不錯，目前正努力賺錢，希望能買

間大房子當中堂，好讓媽媽不用租屋過活了。

客廳兼講堂，空間不是很大，所以不用麥克風，後學的嗓門本來就不大，加上昨天操得太累，喉嚨又痛又啞，實在快發不出聲音了，坐在最後一排的坤道學長，身子都向前傾，很專心的聽課，讓後學覺得很過意不去，但也反應出「地藏古佛慈訓」很適合地方班的學員聽。

晚香後一起吃自助餐，十多道菜都是闞點傳師一手打理的，晚上原本要到香港道場學習，但二位點傳師正好回香港，所以留在此處和道親閒聊，乾道五位，坤道二十多人，有幾位大陸同胞，後學知道他們都已聽過許多堂課，有三位已在學習吃素，因此鼓勵她們，以後來上課時，可否順便各帶一道素菜來大家一起分享，闞點傳師也就不用那麼辛苦，又要講課，又要作菜，大家還可以交換心得，切磋廚藝，能早來的學長，還可以幫忙整理中堂，大家都有了愿的機會。

雪梨的氣溫比布里斯本低了三、五度，半夜起床還打了個寒顫，隔天是個出大太陽的好日子，闕點傳師約好那位大帥哥——廖兄，一起去逛市區和歌劇院，十點整，廖兄戴著墨鏡，外罩黑色皮風衣，一幅「駭客」裝扮，簡直就是基諾李維的分身，他擔任司機兼導遊，逛街去了。

搭單軌電車，買了張全日通行票，隨興到那兒都可以下車玩玩再上車，在空中高來高去，整個市區盡收眼底，選定靠港的那站下車，在港邊的咖啡店小坐片刻，喝了杯濃郁無比的「卡布奇諾」，真是人生一大享受，海鳥都不畏生的飛下來覓食。環港的遊輪正要啟航，因為風很大，所以不想上船，何況剛剛已在空中看遍全市了，雪梨大橋就在對面，熙來攘往的遊客和車輛，印證了這個國際大都市的高知名度，今天是週一，該上班的日子，竟然有這麼多從世界各地前來的觀光客。「歌劇院」是我心怡已久的著名建築，今日終能一親芳澤，在各個不同的角度擺下最迷人的「POSE」拍照，大有「孫悟空到此一遊」的架式，回國後定

可向諸親好友炫耀了。

午餐選在唐人街旁的「朱媽媽」素食館，台灣人開的，生意超級好，為了吃頓素菜，常要大排長龍，今天來晚了些，人潮已散去，但仍是高朋滿座。奇怪的是，只有我們這桌四個華人，其他全是友邦人氏。老闆娘說，他們都是吃健康素，不見得有宗教信仰，後學心中一股莫名的喜悅，沒有宗教信仰就吃素，太難得了，如果能來信一貫道，那「世界大同」的理想就指日可待了，不是嗎？

有位從大陸技術移民來的坤道，她是樂團中小提琴的首席，下午三點來訪，因為昨夜人多嘴雜，她有許多事必須單獨溝通，後學很真誠的提出個人淺見，從她感激的眼神，可以瞭解已接受後學諸多的建議，臨行還特別邀請後學明年能再來，若正值她在歌劇院演出，一定招待去觀賞，感激喔！這可是世界級的饗宴，屆時還得穿禮服才能進場呢，令後學滿心期待！

半日閒遊山玩水
指迷津個別成全

二十一日上午十時，搭國內班機回布里斯本，廖兄親自送到登機門，後學裝滿雪梨道親的祝福，輕鬆踏上歸程，才留兩宿就匆匆離去，真教人有點不捨。這個世界級的大都市，華人約有四十萬人，好好經營，應可開出一片天來，闕點傳師誠心盼望，有緣同修一起來打拚，祝福她道務宏展。

柏廷君在空橋邊已等候許久，和洪壇主三人驅車到市中心吃什錦餐，下午逛市政廳，由簡介得知，澳洲有台灣的二百十三倍大，而人口只有二千萬人，還比台灣少了三百萬人，在布市的華人約有十萬人，發展空間還很大。在幾個知名標的拍照留念，也逛了唐人街，還喝了下午茶，等他弟妹下課後才一起回家。

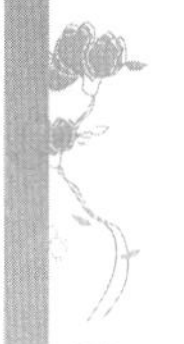

陳點傳師慈悲指示，本地道親很忙，週一至週五必須全心工作，學生的課業也很繁重，所以晚上不宜開班，但因後學來了，可進一步成全道親，特別安排在晚上各別輔導，白天則作家訪和郊遊。道親的問題不外感情、事業和婚姻，後學以過來人的經驗，真心的告訴她們，多叩首，多渡人，能清口茹素一定會更好。

同學會青春不再
展開荒世代交替

二十三日上午九點多，廖老點傳師到，他銜老前人之命，要去紐西蘭的奧克蘭市安壇，不知何故，定好的機位被取消，只好先飛布市和陳點傳師會合，二十五日上午才到奧克蘭。

道親許義雄一家人，已移民到此十三年了，他的大哥一家人隨後也移來，今年妹婿一家人也移來了，三家人住得很近，彼此有個照應，他是後學銀行的大客戶，後學已渡他來求道，隨後他也帶著家人，還有哥哥、妹妹兩家人來求道，後學曾答應他，有機會到澳洲講課時，一定去拜訪他，如今機緣成熟了，昨晚已約好，今早十點，他們夫妻倆來道院接後學，只得跟廖老點傳師說聲失陪了，許兄夫婦帶後學到布市的東區閒遊，然後到他家喝下午茶，兒子就要碩士畢業了，考慮回台灣工作，後學分析台灣的現況讓他明白，他所學的在澳洲很容易找到工作，還是留在這兒，父母比較放心，何況女友也答應畢業回台灣一、二年，要陪家人和工作，很快又要回來，後學勸他們全家人多接近道場，更希望他們能引渡左鄰右舍來求道，相信上天一定會撥轉，讓感情和工作更如意更圓滿。

晚上和廖老點傳師、陳點傳師三人，在辦公室泡茶哈啦，三個人是三十年的老同學，飛越了半個地球，在澳洲忠恕道院開同學會，真是人生另一大樂事，大家不得不驚嘆，歲月如梭，光陰似箭，才一眨眼，已過了三十年個年頭，當時的「青年班」，如今已是「老人班」了，還好那種「斑」還沒出現，把茶言歡——「莫使金樽空對月」。從海外開荒聊到世代交替，更盼資源共享，尤其是「人力資源」，到海外開荒，人才最為欠缺，各單位有意出國開荒者，若能統籌運作，開荒或可事半功倍，但目前國內的整合，還停留在「班務」而已，道務仍是各辦各的，要如何跨單位調派，困難度很高，是否世代交替後能有一番新契機？大夥期待著，但盼上天慈悲撥轉。

攝於黃金海岸一角

滿堂采創意感人
留藉口明年再來

週六上午有青年班的課，二十多個青年朋友齊聚一堂，幾天來的相處，似乎已獲得他們的肯定，小教室裡座無虛席。後學以一張白紙，邊說邊摺又邊剪，講述一位美國神父求道的故事，還有聖經的啟示，並以剪出的紙屑排出幾個中文字和英文字，大夥驚嘆不已。每排出一個字，他們就要求暫停，讓每台相機、手機都拍個夠才再往下講，最後將剪剩下擱在一旁的紙屑，邊攤開邊說：這就是「啟示錄」要告訴我們的祕密，一個十字架，中心已挖空，後學將它舉在面前，中心正對著玄關，這就是萬古不洩的祕密，在眾人的驚嘆中，結束了這堂別有創意的課，每張稚嫩的臉龐，都綻放出法喜的笑靨，企盼的眼神，有數不盡的「安

可」，還幽幽的傳出問詢：「何日君再來？」

下午的兩堂課，總算把上週沒講完的都能圓滿收尾，給自己一個台階下：「故意講不完，當作明年再來的藉口。」不捨的氣氛中，暴出欣喜歡笑，大夥期待早日春暖花開，或許提前在「葡萄成熟時，我一定回來。」

晚餐後大夥又自動排隊掛號，今夜是後學在布市的最後一個週末，準備通宵接見想和後學懇談的同修，有全家一起來的，有夫妻檔，有兄弟姊妹檔，當然更多的是想單獨向後學傾吐心聲。接近子夜，人潮漸散，青年班的同學幾乎全在，他們在道院已超過十二個鐘頭，為的是想多看看後學，反正明天是星期日，又不用上課上班。但柏廷君告訴他們：「李點傳師明天早上在天竺堂還有一堂課，大夥還是先回家休息吧！明天沒事的可以一起去黃金海岸，聽完課還可以去玩水！」陳太太說還有兩家人很想見後學，可惜不能久等，已先離去，後學請她連絡，下週一全天等候。

得大道三生有幸
年輕人明日之星

天竺堂由卓點傳師常駐，對面是公園，環境十分整潔清幽。卓大姊住在隔壁，姊妹彼此有很好的照應。有十多人跟來了，將講堂擠得滿滿的，還有一群小朋友在客廳上小天使班。後學以「三生有幸」為題，講述這個成語的故事，並印證本性不滅，順便介紹「三魂七魄」，道家的煉魂制魄，就是儒家的修心養性，也是佛家的明心見性，各家的說詞不一，但意義是一樣的，如今一貫道應運，讓我們有「先得後修」的殊勝，大家求道後一定要修道，而修道是躬行實踐的功夫，一步一腳印，一面修內功，一面行外功，如此才能功圓果滿。

下課後，年輕人玩水去了，吳壇主熱情邀約，到他府上作客，由媳婦和女兒一起下廚作菜，真令後學受寵若驚，晚餐後泡茶聊天，還有卡拉ＯＫ演唱。在澳洲的課已全部上完了，因為週二才有華航班機，明天還要待一天，所以今夜就盡情歡唱吧！吳壇主喜歡台灣老歌，和後學很對味，兩人開始飆歌，最後變成後學的演唱秀。回想大二暑假時，中國電視公司正要開播，廣徵演歌藝人才，當時打工不像今天方便，反正閒著也是閒著，就報名參加「明日之星」歌唱大賽，竟能過關斬將，進入總決賽，還取得與中視簽約成基本歌星的機會，但老媽不准——修道人不可以上聲色場所，將後學的演藝前途擋掉，上不了舞台，反而登上講台，如今也成了「國際巨星」，（臭美！一笑。）失之東隅，收之桑榆，一來一往間，後學收穫更多了。

真修煉了愿學習
誠祈禱上天安排

週一上午八時，一位大陸道親和女兒來訪，她們就住在附近社區，先生還在大陸工作，希望聽聽後學對他們一家三口的建言。後學說，命運和累世的因果有關，但只要好好修道，命運一定會改變，建議她們看《了凡四訓》，並廣渡親朋好友來求道，也可以試著吃早齋，住家離道院最近，又不用上班，可以多來作義工，點點滴滴的付出，將累積成不可抹滅的功德。

明天就是中秋節了，為了讓道親們有參與獻供的機會，陳點傳師特准在晚上九點獻隔日的早香，十多位道親來參與，有位泰國人的坤道壇主，還特別留下來長談，由陳點傳師子女翻譯，她說以前很喜歡渡人，也確實渡了一些人，她發現

有部分已求道卻又為非作歹，她是引師，必須負連帶保證責任，所以今年不敢再渡人了。後學認為，未成年人由父母負責。引保師有規過勸善的責任，經過三次勸說仍不知悔改，引保師應可解除保證責任，但仍須在中前懺悔。她聽後如釋重擔，又發出渡人的慈悲心，短期內估計可以渡到五眾來求道，恭喜她！她希望能到台灣訪道，這事就由陳點傳師去安排了。

搭二十八日上午十點多的華航班機回台，陳點傳師父子親自送到機場，離情依依，陳點傳師又再誠懇邀請能否到澳洲來為宏道打拚，後學也真心的告訴他，後學不止是喜歡這兒，而是愛上它了，真心願意來此宏道，但現實的道務歸屬問題，可能是個障礙，要如何突破，不是你我二人就可以解決的，就讓我們各自誠心的祈禱吧！一切上天自有安排。

下了飛機，一輪明月正緩緩升起，「月是故鄉明」，回家的感覺真好，可以免去千里共嬋娟的相思，感謝天恩師德。

當金色的陽光一照射，所有的花草樹木就開始行「光合作用」，
吸二氧化碳，吐出氧氣，整個森林就香氣四溢，
這時候來作深呼吸，就如古早的神仙在作吐納一般，
如此「煉精化氣、煉氣化神、煉神還虛。」
假以時日，定可「三花聚頂、五氣朝元」，
或許還可以「白日飛昇」了也說不定。

澳洲再遊

澳洲動物園與無尾熊

九十四年三月二十四日晚上十點，再次搭上華航班機直飛布里斯本，本想春暖花開時才再來，但在排課時，王點傳師出了點意外，所以陳點傳師慈悲，將我倆的時段對調，澳洲的課就由後學開頭，王點傳師結尾，讓後學真的能如前所願，提早在葡萄成熟時，又飛到這塊人間淨土，半年內能舊地重遊，依然是興奮一百，激情不已。

國內剛過元宵，氣溫出奇的冷，年前已降下瑞雪，據報導年後會更冷，有可能全省都下雪，澳洲正好相反，炎炎夏日，每天都豔陽高照，穿短袖衣褲都還嫌熱，下機前已將冬天的衣服全脫掉，換上運動服裝和運動鞋，配上拉風的墨鏡，怎麼樣？夠帥吧！哈哈！輕鬆出關了。

技藝專精機會多——遍地金

在機上，十一點多吃點心，凌晨三點多又吃早餐，整夜無法入眠，幸虧是週五上午到，下午有充分的休息，晚上又可好好睡個覺。若是週六上午才到，下午就要連上二堂課，鐵定會「語無倫次、顛三倒四」，建議爾後要到澳洲忠恕道院了愿學習者，最好能在週五抵達，一來有充分的休息，又可先熟悉環境，避免臨時怯場，而六千多坪的一草一木，都有值得您回憶的甜蜜，放鬆心情，好好接受大自然的洗禮吧！

二十七日星期日，上午舉辦一年一度的感恩祈福法會，下午有辦道。可惜後學當天一大早就飛往雪梨，無緣參與這場盛會，為了使這次盛會能順利圓滿，週五下午就有諸多道親回來整理環境，大家玩得不亦樂乎！一邊工作，一邊閒聊，

得知林壇主的大兒子已在ＩＢＭ工作，大女兒在銀行上班，陳點傳師的大兒子在作房屋仲介……真是皆大歡喜，能就業的年輕人都已有份安定的工作，真該感謝天恩師德。

吳壇主說，年輕人在澳洲找工作並不困難，像土木、水電、建築……等等缺人缺得利害，他家住在北區，道院在南區，為了方便來道院，特別到南區買了塊地，由二兒子自建，去年中秋前，後學特別到工地參觀，全棟的外貌已蓋妥，半年後再看，竟然尚未完工，就是因為找不到工人，工程只好延宕了。

吳壇主又說，我們華人，英文沒本地人流利，較高層的工作，想當然輪不到我們，但中下階層的工作依然很多，年輕人只要能吃苦耐勞，找份「做工」的工作非常容易，待遇好、工時少、保障福利多，只要有一技之長，來澳洲別怕沒飯吃，希望國內年輕朋友，能考慮到澳洲發展，又可以宏道，一舉兩得。聰明的您，是否考慮看看？

道脈傳承激愿力——重擔扛

周六下午第一堂是初級部的課，「天道傳承」從七佛治世、三佛收圓談起，六祖未落髮、未受戒，卻能荷擔天命成為一代祖師，正是上天慈悲，道降庶民的巧安排。東方前十八代，西方二十八代，東方後十八代，共有六十四代祖師傳承，乃符合八八六十四卦圓滿數，因此羅八祖到黃九祖，道統不得不隱千年。末後一著，日月換肩，師母扛起重擔，道宏萬國九州。

師尊師母於民國十九年同領天命，成為最後一代祖師，至二十六年，道務推展並不順利，「七七事變」展開對日八年抗戰，道務也因此才宏展，道劫並降，老中有旨：「東方不留一神仙，西方不留一佛子，全部下凡搭幫助道。」所以短短的八年，一貫道宏遍大江南北。

民國三十三年大陸開始內亂，這期間是傳道過程中，最痛苦、最黑暗的階段，據天恩宮祁老的《修道百問》記載，在天津就槍斃點傳師二三〇人，「一聲令下，抓拿善人，一字敕令，萬祖歸根。」逼得道親們不得不向海外逃竄，也因此奠下道宏萬國九州的基礎，「庚寅辛卯到、西域豐收年」，庚寅辛卯指的是民國三十九年、四十年，那些頂劫的白陽修士，「願不能了、難把鄉返」。又都到「海外」轉世來了，重新扛起宏道的大旗，「立足台灣、放眼世界。」如今除了共產國家外，幾乎都有道親走過的足跡，甚至在當地安設中堂，度化眾生，而澳洲是張老前人讚譽有加的「人間最後一塊淨土」，理該有更多人扛起宏道重擔，希望同學們「知天時，識實務」，在兩位點傳師的領導下，同心協力，為基礎道場，為老前人，更為師尊師母，開出一片天來！學員們浸淫在道統的傳承中，眼眶泛著淚水。

地方班以「君子三畏」為題——畏天命、畏大人、畏聖人之言。「天命」廣

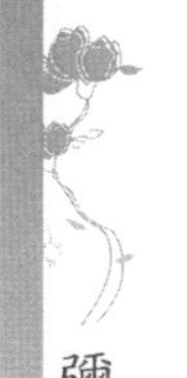

義指的就是「天理良心」，但盼望大夥能「起心動念、行事作為、勿昧良心。」把道落實在日用尋常間，「憑著良心說話、憑著良心作事」，就是敬畏天命的最佳表現。狹義的天命，可以解釋為點傳師所荷擔的使命，能代表師尊師母傳三寶，就是因為有「天命」在身的殊勝。後學更引證所處理的冤欠討債第二則——邱宜蔵、葉少凱二位鬼魂來向趙兄討債的實事，（詳見拙作《天恩師德》），後學建議趙兄家人再渡化二十眾功德迴向，結果共度了二十八眾，連病逝在趙兄樓下的獨居阿婆也可以盡速去投胎轉世，同學們聽得目瞪口呆、驚嘆不已！下課後好幾位道親發下鴻願，下週同一堂課，一定要帶更多人來聽課，「還沒求道、可以來聽嗎？」有同學問道，「當然可以！只要他願意，都可以先來旁聽，但必須向主班點傳師報備，並讓主講者知道這事，這是規矩，也是禮貌。」

雪梨花開仙佛現——乘愿來

二十七日上午八時，搭國內班機飛往雪梨，不知何故竟然遲延了近一個鐘頭，這種國內班機，愈早訂位愈便宜，據說機上不提供任何免費飲料或食物，但空服員仍會推著販賣車來賣東西，「I have no money. Do you have anything free change ?」後學明知故問，是想藉機和美麗的空中小姐搭訕，也可測試一下自己的破英文，看老外聽得懂嗎？得到的回應竟是「NO！」還有一個俏皮的鬼臉。出關時，那位基諾李維的分身已在出口處等候多時，一路飛來，見到的都是帥哥美女，真是賞心悅目。

「君子三畏」，再一次讓雪梨道親震撼不已，一對施姓夫妻聽得更是入神，課後施太太親口告訴後學，小時候在大陸，她就可以看到靈界的眾生，所以後學

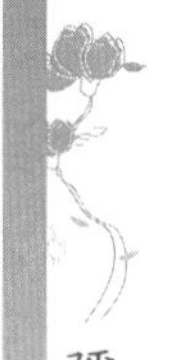

講的，她完全相信，更發出要渡眾的慈悲心，施兄的舅父住台灣，年底陳點師將舉辦海外道親回台灣訪道之旅，他願意參加，順便拜訪舅舅。

另一位台灣來的丁兄，帶著太太、女兒和同事來聽課，這同事是坤道，從大陸來的，課後從口袋掏出一尊迷你的彌勒佛，這是離開大陸時，媽媽送給她保平安的，還說，她與彌勒佛有很深的緣。她和女兒都未求道，當下主動表示要求道，闕點傳師也打鐵趁熱，安排在下週日辦道，其他幾位道親也表示要去渡人，下週一起來求道。

那位小提琴首席夏姐，夫婿正好也來聽課，下課後促膝長談，得知下週將返回北京，還特別交待有到上海、北京時，別忘了通知他一聲，屆時一切看到他的，豪爽的口吻和雍容的氣度，彰顯出他是個國營事業的總經理，長得又年輕又帥氣，看來能力一定很強，若能成全來求道，一定可以見樹見林，影響力不可限

量！

二十八日上午拜訪闕點傳師的女婿歐陽兄，他們住在不遠的山區豪宅，歐陽兄早已素食，不但認同一貫道，更和老婆商量好，希望在家中也能安設中堂，原定的空間，闕、陳兩位點傳師都覺得不妥，希望後學提供意見，後學也認為不理想，最後選定進門的玄關處較合適，可是空間不到三坪，擺個上下桌幾乎要佔滿了，後學建議用一塊合適的木板作為上桌的桌面，將它釘在牆上，下桌也可以靠牆擺，只要把香爐的位置騰空即可，不用佛相也不掛壁畫，上桌僅擺放一盞中燈即可，陳姐高興地說和她的原意完全吻合，歐陽兄約略估算，這麼簡單的工程可能要花上台幣七萬元，闕點傳師建議去大賣場買迷你的上下桌應該更方便、更經濟，他們同意近日內就去找看看再作最後決定。

歐陽兄本想八月份生日時才立清口愿，但又想早日安壇，後學說當壇主一定要清口當愿，他立刻同意愈快愈好，但外婆往生，四月底才滿百日，所以後學幫

澳洲布里斯本花海

他選了幾個日子，他欣然決定五月一日當愿，五月七日開壇。「恭禧你們，凡間開一壇，先天開一蓮，相信你的祖先們一定會三呼萬歲。廖老點傳師曾說，老前人很希望在雪梨也能安設一座大中堂，他老相信雪梨的道務一定會很宏展。」夫妻深受感動，發愿扛下雪梨宏道的重擔。

「點傳師你總是來去匆匆，大家好喜歡聽您的課，希望你以後來最少都要住上一個月，好讓大家能多向你討教。」闔點傳師和道親們熱烈的迴響，讓後學感動不已，是啊！好不容易才來一趟，住個二宿就走人，真有點不值得，更有許多不捨。

理念不同不為謀——終結者

中午歐陽兄請我們到天慈餐廳用餐，香港人開的店十分淨潔素雅，台灣來的二位廚房媽媽也一起來用餐，一位是屏東陳點傳師的母親，一位是明德道院壇主的太太，他們的廚藝是大師級的，幫了闕點傳師很大的忙，她才能主班兼講課，更安排許多成全。二位大師對中午的料理讚不絕口，歐陽兄又多訂了一份外帶，當作今晚的菜，好讓二位大師可以休個假，真是感激。

後學面向店門而坐，吃到一半時，看到三女一男進來，他們的模樣和氣質，一看就知道是修道人，只是臉色稍嫌黃綠了些，在左後方的桌子坐妥，闕點傳師才發現，趕緊起身招呼介紹，原來是某道場的二位經理陪親友來用餐，第一次見面就覺得他們很嚴謹，這才想起，去年來時他們正好回原基地，所以無緣去他們

的道場學習，但今年仍未排課，而且是從去年後學來了以後就沒了，之前來的人都有去了愿學習，「怎麼會這樣？」接到今年課程表時，後學滿腹狐疑的請示，陳點傳師才爆出內幕，原來是五周年慶時，曾邀請這二位經理蒞臨指導，有諸多表演由男女共舞，少不了些許的肢體接觸，他們認為會破壞清規戒律，還責問陳點傳師：「老前人是這樣教的嗎？為了成全年輕人，就要作這麼大的犧牲，值得嗎？到國外傳道，不可為了曲就當地國情，就背離故有的中華文化。」因此和我們漸行漸遠，那後學不就成了「終結者」嗎？他們的一席話，頗值得深思，師尊師母住世時，有「青年班」嗎？如果有，那又是怎麼開班的？資深的您，能告訴後學嗎？

這一刺激，更讓後學警覺到，一貫道宗旨有「宏揚中華文化」，這聽在外國人的耳裡，不知會作何感想？而「中華文化」有可能被誤認是對岸的文化，那又該如何化解？再者，老外不是中國人，有必要為中華文化而打拚嗎？像這種宗

旨，是否該作些修正？記得三年前曾舉辦「大狀元」會考，一貫道宗旨是必考題，但卻出現基礎、發一道場不同版的窘境，（發一版無宏揚中華文化等）發一道場比我們更早到國外發展，是否已碰到類似問題，所以才會有和基礎不同版的「宗旨」呢？類似的問題，「一貫道總會」是否該主動研究改善？

好山好水好自然——福報大

邀請卓點傳師一起到海邊野餐，三個「荷擔者」難得有些閒情逸致，一邊吃著卓點傳師作的壽司，一邊欣賞大自然的美景。不是假日，海邊仍舊人潮洶湧，大多是年輕人，三五成群結伴同遊，人手一支衝浪板，就在海上玩了一個上午，看他們個個結實精壯，有的已曬成古銅膚色，衝浪游泳的工夫硬是要得，難怪在

奧運會上，成績十分亮眼。海邊沒有更衣室，有的到洗手間換裝，有更多的健美勇哥就在自己的車子旁，把車門打開當作屏障，用一條大毛巾將下半身圍住，很技巧的將濕淋淋的泳褲脫下，將重要部位擦乾，再穿上衣褲，這過程竟然不會春光外洩，後學很好奇地瞪大眼睛四週張望，卻沒發現穿幫鏡頭。年輕人將精力發洩在運動上，不但可以健康強壯，更可以減少犯罪。回顧國內的年輕人，有許多沉迷在網咖打屁，不然就在夜店搖頭，若能接近大自然，那該多好！身為傳道者的我們，更該責無旁貸，引導他們走入道化生活。

隔桌來了三位女士，一位較年輕，另二位看來年紀應該不小，一位行動還不太方便，老人家已是雞皮鶴髮，但仍然穿著大紅洋裝，看來很天真、很友善，主動和我們打聲招呼，大家都很愉快地各自用餐。餐後陪陳點傳師到旁邊的小山崙繞一圈，卓點傳師泡茶留守，並和她們閒話家常，在海邊的小山林中漫步，別有一番滋味，一圈走下來要四十分鐘，才就座，隔鄰的紅衣阿婆，很誠意地送來一

塊蛋糕，說是她女兒早上才作的，順手指向那位年輕女士，後學不敢接受，她卻說：I insist！盛情難卻下，只好謝謝了，並立即咬了一口，故意作出陶醉狀，還說了一句：delicious！樂得大家開懷大笑，臨行特別邀請他們有機會能來台灣觀光，她們也很誠意的表示願意。

古木蔭中繫短蓬——森林浴

清晨六點，在道院停車場繞圈子慢跑，院中都是短小的花草灌木，景色雖然怡人，但芬多精的香味不多，陳點傳師說，不遠處有一個公園，園內古木參天，尤其那片松樹林，更會散發出迷人的香味，他很喜歡去那兒運動，後學也很願意，二人開著車子就走。

作好柔軟體操，便開始快步走，陳點傳師和後學同庚，都已年過半百，醫生說只能在平坦路面快走，不用慢跑，更不可快跑或爬山，以免傷了膝蓋和腳踝。繞公園快走一大圈後，後學選定松樹林，在這兒練「朝陽功」。金色的陽光透過針葉遍灑林間，面向萬道霞光，擺好架式，舌抵上顎，以鼻子吸氣深入丹田，停留五秒鐘，再用嘴巴慢慢將氣吐出，如此重複作三十六次，便覺得丹田發熱，全身舒暢。芬多精的香味更是讓人神清氣爽，花四、五十分鐘的運動，換來一整天的飽滿精神，您說值得嗎？據說芬多精在森林裡較多，當金色的陽光一照射，所有的花草樹木就開始行「光合作用」，吸二氧化碳，吐出氧氣，整個森林就香氣四溢，這時候來作深呼吸，就如古早的神仙在作吐納一般，如此「煉精化氣、煉氣化神、煉神還虛。」假以時日，定可「三花聚頂、五氣朝元」，或許還可以「白日飛昇」了也說不定，反正持之以恆，對身心絕對有很大的幫助，您說，不是嗎？

盛況空前不絕後——大爆滿

初級部的第二個專題是「開設中堂的好處」，後學列舉幾則有關中堂的顯化，如張點傳師家樓下的油漆店失火，火舌跳過二樓往三、四樓竄燒，就是因為二樓有中堂鎮住。並介紹先天道院的興建史，張前人決定獻出東園街這塊地，是經由指南宮呂仙祖指示：「東方紫氣昇，園裡最幽明，街上如都市，四時似萬星。」一大夥聽得法喜充滿，有位余兄更發下鴻願，要安設中堂來度化眾生，感動後學在返台前晚，特地去拜訪他，並看妥將來安座的方位，鼓勵他們夫妻早日素食，媽媽年紀也不小了，更應該吃素，並盡力去度人求道，那安壇的鴻願應可早日完成，而且也會天賜麟兒，以解無後之憂。

第二節課以「師母慈訓」和美國某壇主的顯化，（詳見拙著天道殊勝）和地方班結緣，可能是上週的課打動大家的心，今天這堂課因此大爆滿，該來的學員只有少數三、四位沒到，不在名單內的卻來了一大票，還有六位友邦人士，卓點傳師說：「這是空前，但願不要絕後。」實例中那位小男生，三歲求道、五歲往生，因為三寶忘了無法過關，魂飄到宜蘭某宮，在那兒假扮「元始天尊」，不但騙吃騙喝，還作了些壞事，最後由後學帶領乾道學長一起燒大把香向三官大帝稟報，才讓他過關，但必須關天牢。這顯化分明是要給宋光宇教授看的，因為他在寫「天道鈎沉」時，明知道有飛鸞接竅這檔事，卻始終無緣親眼目睹，這次總算讓他開了眼界。這則真人實事也印證天命的可畏，和一貫道確實有奉天承運的真天命，誠如訓文所言「錯此別無舟」，只有一貫法航，才能航遍萬國九洲，才能航向理天。

人數爆增太多，廚房準備不及，許多辦事員和工作人員都沒得吃，事後才煮些麵條裹腹，害許多人沒吃飽，實在不好意思，但在法喜的氣氛中，大家也都不

以為意。

青年班挪到晚上開，只有四十分鐘，後學介紹一個成語故事——「門庭若市」，鄒忌不及徐公美，但他老婆卻說他比徐公帥，是因為「情人眼裡出西施」，他的妾怕被他賣掉而不敢說實話。客人有求於他，所以奉承他，讓他被蒙在鼓裡，還以為全天下他最漂亮，以此來勸諫齊威王，希望他能廣納諫言，勵精圖治，齊威王同意並設賞，因為重賞之下必有勇夫，果然進京直言進諫者不絕於途。希望同學們也能借題發揮，請周遭的親朋好友指正自己的缺點，並限時改正，相信德性因此可以提昇。

攝於美國史丹福大學「鐘樓」

偷得浮生半日閒——衝浪去

天竺堂的道親也到了不少，後學借用黃成德點傳師的父母來結緣時，老師所批的鎮壇詩為題：「學識實有限，能所分別見，格物致其知，窮理達本源，心平何持戒，直心道場現，轉識成妙智，圓明照大千。」順便介紹有關王守仁的前因後果：「五十年前王守仁，開門即是閉門人，精靈剝後還歸復，始信禪門不壞身。」原來他的前身是某知名寺廟的住持，瞭解身世後，他便開始修行，終於修成正果。並準備一則氣天大仙——許遜，到大馬巴生「天惠堂」顯化的實例，可惜時間不夠，只好保留了，以後有機會再說。

午餐後，大夥閒聊，鼓勵大家多參與道場活動多行功了愿，多廣度有緣。吳壇主的女兒是位營養師，四月份即將出閣，夫婿在台灣工作。她說海浪有許多

「負離子」，讓浪花拍打身體，對健康很有幫助，所以天竺堂有課時，下午就安排去「沖浪」，後學也全副武裝準備下海，可惜四點多，天氣突然轉變，太陽被厚厚的雲層遮住，還刮起大風，海岸頓時飛沙走石，大家只好在路邊攤喝個熱飲，吃些小點心等候，五點了，天還很亮，風也停了，可是有點冷，大夥決定打赤腳泡海水就好，就這樣在沙灘上嬉戲了十多分鐘，才依依不捨地離開。

「黃金海岸」果然名不虛傳，是個搶手的觀光景點，目前有好幾棟大樓正在興建，最高的超過九十層，以麥當勞旁邊的最搶手，才一推出就搶購一空，因為它在大馬路邊，對面就是浩瀚的大海，毫無遮攔，景觀特別好。卓大姐也在附近大樓買了一間，特別邀請大夥去參觀，因為人太多了，只好兵分兩路，有的去參觀興建中的大樓，後學和幾位學長到卓大姐的新居拜訪，本想和她兒子聊聊，可惜緣慳一面，據說他以前在道場上很發心，但「兵變」後在教會中找到平衡點，所以假日都會去作禮拜，也因此改正了許多脾氣毛病，也罷，只好祝福他了。

獨守道愿向黃昏——天安排

去年來時，有台中來的洪壇主和幾位老菩薩作陪，今年來只有陳點傳師一人駐守，台灣沒人來支援，都是點傳師自己坐鎮，六千多坪的大空間，晚上一片漆黑又寂寥，膽子小的，還不敢獨自一人留守。

夜深人靜，獨自一人在迴廊踱步，瞻前思後，一股辛酸卻湧上心頭，「為誰辛苦？為誰忙？」可以含飴弄孫的年紀了，有必要東奔西跑嗎？在台灣不能了愿嗎？「八千里路雲和月」，難道只是想博取海內外同修的掌聲？當個國際名嘴？還是想趁機環遊世界？若真想出國開荒，理該以新加坡為基地，因為新加坡的呂氏中堂，是後學帶著呂兄逛遍新加坡而後租下的房子，開壇迄今已五個年頭，卻不曾再去關心過，失職失責，真令人汗顏！

澳洲布里斯本咖啡廳的花園

國內正面臨「世代交替」，卻發現各支線都有「斷層」，缺乏眾望所歸的中生代，也不見積極培養，僅管有些人已展現企圖，但德能服眾嗎？能力夠嗎？萬一「泰山其頹」，各支線是否會走向「崩盤」一途？若不幸言中，到時又該如何面對這巨大的變故？是否就此「閉門謝客思己過，不論世間是與非」？一道強光劃破漆黑的庭院，是陳點傳師回來了，後學在此可以陪他，但回台後又只剩下他一人了，心中又是一陣酸楚。哎！別想太多了，我們辦的是「天事」，一切由天作主，上天自有妥善的安排，好好把握當下就好，感謝天恩師德。

從窗戶向外望，
只見大河小河串成翩翩飛舞的彩帶，
在日光的折射下十分耀眼，
雖然看不到崇山峻嶺，
但水鄉澤國的豐彩也令人驚豔，
還沒欣賞夠，飛機已平安降落。

南越行腳

遊史丹福大學

不去越南傳道，將會終身遺憾

鄭講師到胡志明市了愿返國後，對點傳師們說：「不去越南傳道，將會遺憾終身，因為越南人民太善良了，應該讓他們早日求道。」農曆年後，從浩然道場來的訊息：越南可以辦道了，但要低調點。點傳師們相互鼓勵，各隨因緣，早日到越南卡位，期待一貫道在越南合法化後，大家又可以攜手合作，同修共辦。正巧胡志明市週遭有五堂課，讓後學去了愿，可趁機作深度探訪，好為來日傳道作佈局。

搭四月九日上午七時卅分的華航班機，施兄慈悲願意送後學去機場。早上五點打手機給他，五點半車子準時出現在巷口，媽媽和小孩都還在睡覺，只有余姐送後學到門口。天色已經很亮了，金色的陽光衝破雲層，剎時霞光萬道，和風徐來，心胸十分開朗，應該會是一次成功的出訪，心中自我期許著，踩著輕鬆的步伐，哼著盲眼歌手的名曲：「來去，來去，阮會來去夏威夷。來去，來去，阮要從台灣飛出去……」

飛行時間需要三小時又十分鐘，在機上用早餐，有色香味俱全的素食餐點，讓後學大快朵頤，真是感恩。帶著一些有關越南的報導資料，想在機上詳細研究，還有二三篇還沒看完，就聽到廣播要下降了。收拾好資料，從窗戶向外望，只見大河小河串成翩翩飛舞的彩帶，在日光的折射下十分耀眼，雖然看不到崇山峻嶺，但水鄉澤國的豐彩也令人驚豔，還沒欣賞夠，飛機已平安降落。

海關申報單在家已全填妥，所以很容易又快速的過關了，可惜行李卻等了四十分鐘才拿到，五、六位台商結伴同行，在身旁不停的報怨，後學主動和他們打招呼，想緩和他們的情緒，看到後學滿頭的白髮，又聽到誠心的規勸，似乎讓他們體悟到：「不聽老人言，會吃虧在眼前。」頓時都安靜下來。

一位較年長又帶著眼鏡的先生問後學：「你常來胡志明市嗎？」

「第一次來。」

大夥以懷疑的眼光看著後學，怎麼一點都不緊張，還會隨機說教，儼然一幅「老越」的模樣。

「有人接機嗎？須要我們幫忙嗎？」

他們善意的關懷，也讓後學十分欣慰，台灣的子弟們，不都是這樣熱誠又有愛心嗎？

學會當地語言，對宏道有絕對的幫助

和「某」經理約好，（他不願曝光，連姓都不可以寫，是個較資淺又低調的

點傳師，只好如此稱呼他了。）出了大門向右，在十號柱子等候。果然不到三分鐘，走來一位笑容可掬的大帥哥，手上拿著標語牌，上面寫著後學的名字，是電腦打字的特大號字體，看到後學就是九十度的鞠躬，還會說：「點傳師好。」立刻伸手接過行李，請後學跟他到對面停車場搭車。

越南比台灣慢一小時，從機場到某經理工廠要九十分鐘，路上正好碰上學生下課和工廠午休時間，人車塞滿馬路，大多是機車，爭先恐後，汽車更不惶多讓，沿路猛按喇叭，還作蛇行超越，到圓環又沒紅綠燈管控，真不知該如何過馬路。後學坐在六人座的中排靠右位，早已嚇出一身冷汗，右手緊拉著窗邊的手把，左手撐著前面的椅背，雙腳還不時的作踩煞車狀，就這樣一路ㄍㄧㄥ到中堂。參完駕，後學才發現，不止上衣濕透了，連外褲也濕了一大片。越南的「馬路驚魂」是人生難得的體驗。事後被告之，行人穿越馬路時，要以等速度大步向前，車子自然會讓你，若變換速度或中途停止，肯定會被撞。回國前的午餐，特別到某餐廳吃火鍋，車子在路旁停下，讓大夥穿越馬路，親身體驗一下，真的很刺激。

每天一班，共有五堂課，不同的學員，講相同的題目，有兩個班可以直接用華語講，另三個班必須翻譯。講相同的內容，翻譯人員才會越翻越好。是否翻得「信雅達」，只好交給上天慈悲了。先進國家正流行「華語」熱，但開發中國家無此誘因，開荒人員只得多辛苦點，多學點當地語言以便溝通，更企盼能以當地語言來講課。後學向某經理要了一本《越語馬上說》當作家庭作業，希望一天學一個字，一年就有三百個字可以造句了。後學也希望他們趕上世界的潮流——學華語，或許明年再來時，大家就可以不用翻譯而直接溝通了。

某經理的員工阿明，有位男性朋友，已吃素四年，但尚未求道。第二天工廠內有課，特別邀請他來旁聽，雖然是第一次見面，但覺得很投緣，透過翻譯，請他帶妻小來求道，他很肯定的答應，一定會來。聽某太太說，他曾來應徵會計，

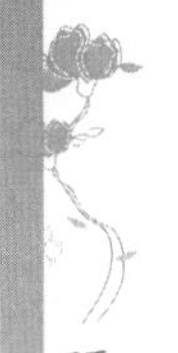

但因要求的薪水高出很多而未錄用。後學建議她，還是錄用吧，他已吃素四年，又會說英文，對道場會有很大的幫助，這應該是上天撥轉來的人才，要好好的栽培。某太太接受後學的建議。

關小姐，華裔越人，裝扮十分中性，頭髮剪得超短，出門又以機車代步，初次見面都會以為她是男生，華語說得很溜。和她閒話家常，可以察覺她十分善良，常到附近廟宇禮佛並作義工。第五堂課時，特別請她來旁聽，課後作誠懇的溝通，她也答應一定會來求道，並將帶她的諸親好友一起來。

提早卡位雖好，萬一抓雞不成蝕把米，恐將賠了夫人又折兵。

五個班中，只有兩個班在中堂開，除了某經理的工廠外，就是歸屬瑞周天如的上晏佛堂，駐堂是一位年近古稀的清修坤道胡老姐。她到海外開荒已十多年，在大馬呆了七、八年，又轉到胡志明市來，在此已設有十多家中堂，道務十分宏展，直屬點傳師道務煩忙，久久才來一趟，一切大小事都由她打理，真是難得。上課前胡老姐特別叮嚀，辦道一定要十分低調又謹慎，她說今年大年初三，有某組線的兩位點傳師來辦道，不幸被密報，公安來抓人時，當地道親立刻用機車將兩位帶離現場，僅「越南新娘」和「台灣新郎」被逮，查明後各罰美金二千五百元，透過浩然道場的王點傳師斡旋，降為二千元美金才放人。後學十分納悶，天

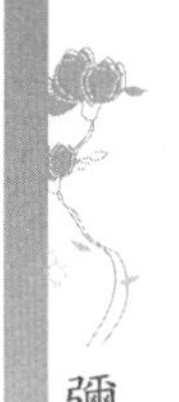

惠堂在年初即被告知可以辦道了，為何公安還要抓人？是否資訊有誤？一定要問個明白。「辦道合法」是國家級的大事，應該會有白紙黑字加上紅色關坊的正式公告，人云亦云，不但以訛傳訛，還可能誤了大事。提早卡位雖好，萬一抓雞不成蝕把米，恐將賠了夫人又折兵。

難得有如此長的時間和某經理生活在一起，彼此都珍惜這段殊勝的機緣，大家開誠佈公給對方善意的建言，後學也承認自己是個：「急性子，直腸子，又嫉惡如仇」的人。還有許多改善空間，也願意繼續改過遷善。從彼此的關心到家人的關懷，擴大到天惠道務的發展，更深入談到一貫道在越南合法化後該有的作為。回想當時他

攝於美國忠恕道院

到大馬設廠時，為了推展道務，號召幾位坤道學長去長期駐堂，加上講師群的強力配合，終能在大馬開花結果。如今這批修辦先鋒，大都已逾耳順之年，先後有三位回台照顧父母，若要再找一些四、五十歲的人長期到越南駐堂，可能不太容易，加上天惠的現有體制規定，後學還得負責「忠一」單位的道務，不能像某些點傳師，只負責國外當地道務，國內的可以不管。回台後除了明察暗訪外，只能誠心叩求老中慈悲撥轉，有適當的開荒人才，一齊來為越南的道務發展打拚。更期待新人新政，兩岸關係修好，讓「老水返潮」的心願能早日實現，感謝天恩師德。

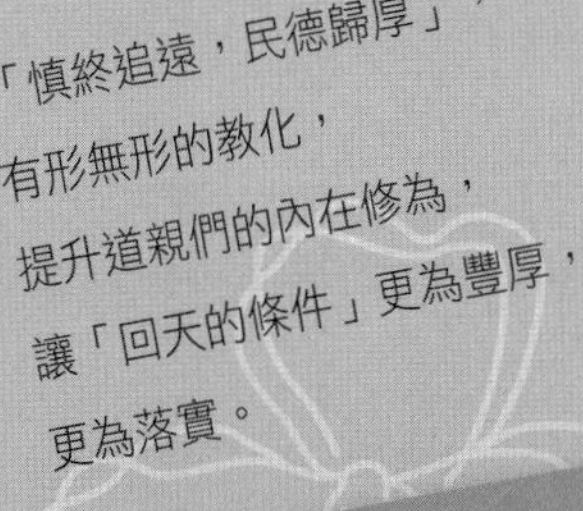

「慎終追遠，民德歸厚」，
有形無形的教化，
提升道親們的內在修為，
讓「回天的條件」更為豐厚，
更為落實。

根深柢固　慧命永存

攝於93年布市忠恕道院

忠恕道院是張老前人在台灣的最大道場，更是各組線競相參訪的目標。它是所有「忠恕人」的精神指標，不論海內海外道親，終其一生，都必須回來朝聖，就像嫁出去的女兒，大年初二必須回來探望的「娘家」。經過十年的努力，道院已全然發揮了它的凝聚力，緊緊抓住每個道親的心，全體忠恕人榮辱與共，衷心祝福它，萬世千秋。

環顧周遭同修，有友組線的領導前人，他們功圓果滿回天後，道場都歷經一番盤整，甚至分崩離析，早已無法撼動道親對道的忠貞信念，內部的分岐和離心離德卻使道場陷入另一層面的考驗。「他山之石可以攻錯」，別組線的教訓應當謹記在心頭，感恩上天慈憫，非常感恩上天慈悲！我們張老、袁老都很安康帶領著大家，各地方前人輩們也大都安好，各位點傳師們也都肩負著承先啟後的重責大任，希望在前人輩領導下，大家團結一致，相信「領導中心」早已安排妥當，更希望基礎忠恕一脈，根深柢固，慧命永存。

「十年樹木，百年樹人」，忠恕學院為基礎道場培育出不少修辦人才，也替各地方培訓出宏道的生力軍，因為有它，讓各地方道場有更多的認識和互動，橫向的聯繫愈多，熟識的層面就愈廣。確實發揮「見道成道，運轉坤乾」的旨意，讓道親們體會到：「德不孤，必有鄰」。大家都是一中之子，一師之徒，為相同的理念，犧牲奉獻，同註天盤是共同的目標，大同世界是遠大理想，更祈望彌勒淨土早日在人世間展現。

「先天寶塔」讓功圓果滿的道親，有歸依安身之所，有那麼多的同修共聚一堂，增添諸多有形無形的向心力。每年按時祭祀，讓家屬們緬懷追思，也讓孝道能應時展現，更盼在日用尋常間，人人及時行孝，以免「樹欲靜而風不止，子欲養而親不待」。「慎終追遠，民德歸厚」，有形無形的教化，提升道親們的內在修為，讓「回天的條件」更為豐厚，更為落實。

兩岸直航拉開「老水還潮」的序幕，鑼鼓已隱然作響，好戲即將登場，春

93年第一次到澳洲布里斯本忠恕道院與負責人陳平當點傳師

節前後，前立委沈智慧大德先後在全真道院、忠恕道院作深入的剝析和說明，兩岸的宗教往來現況，對岸似乎已釋放出更多的善意，沈姐誓願作老水還潮的先鋒。年前和寶光崇正兩位點傳師餐敘，說他們每一位點傳師表明，老水還潮時要落腳在那個城市，並及早……各組線似乎已著手準備，待時而行，老水還潮是天事，理該由上天作主，但天不言，地不語，人得由上天的垂象來臆測、來推敲，後學深深覺得時機已漸成熟，只要對岸明白表示可以去宏道，屆時所有有天命的點傳師，都會將道帶回大陸，才能完成老水還潮的時代使命。

四時八節所以能按時序運轉，是因為「天地定位」，
天行天之道，地行地之道，天之道就是「好生」。
地之道就是「長養」，
即所謂「天有好生之德，地有長養之恩」，
正因為天地定位，才能各司其職，
因此地球上的萬物，才能生生不息，

讀「致中和天地位焉萬物育焉」有感

遊美國東禪寺

近年來，天災不斷，人禍四起，上課時曾詢問同學們：「地球怎麼了？」得到答案幾乎一致：「生病了。」是的，地球真的生病了，而且還病的不輕。我們所賴以為生的地方，正受三災八難無情的摧殘，多少生靈在水深火熱之中掙扎，更有難以計數的寶貴生命隨之驟逝。怨誰？怪誰？恨誰？憐誰？天地間的中和之氣似漸遠離。

人是有感情的動物，喜、怒、哀、樂的抒發，是正常的反射，但也不能過份，能恪守中庸之道，才算是「和」。和也有和平相處之意，不要因為個人的情緒發洩，而影響到周遭的人，適可而止，就是中道，就是和的境界。但在修行的路上，情緒可以發而能不發，那境界就更高了，這就是守「中」，中就是道的本體，也是我們的本性，誠如六祖所言：「不思善，不思惡」，這不僅是陳惠明本來面目，亦是我們每個人的本來面目。

有一句台灣諺語：「人無照情理，天無照甲子」。四時八節的運轉，有其自

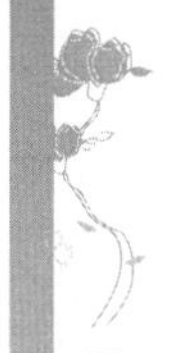

然軌則，這是真理，無須多言。若是人的作為，違背良心，違背公理正義，那這股邪惡之氣，有可能撼動自然界的平衡，進而有諸多違背自然的現象就會發生，如地震、海嘯、颱風、大火、土石流……還有溫室效應，據某實驗稱：「一個人的念力，可以殺死一頭羊」。如果有諸多相同的念力結合，則可能改變原有的狀況，甚至達到預期的目的。所以一個自然災害的發生，有可能是諸多負面的念力集合而成，何況這些人又把心念轉化成實際的行動，不但給相對的力量帶來衝擊，更破壞了自然界的平衡，如果做的太超過，天地間的正義之神會饒過他們嗎？若是一個國家的領導者，倒行逆施，使得民不聊生，怨聲載道，那他的運也就完了，堯帝不是這樣告誡舜帝嗎：「咨、爾舜、天之曆數在爾躬，允執其中，四海困窮，天祿永終」。舜帝也將這句話傳給禹帝。

孔夫子曰：「天何言哉？四時行焉，百物生焉，天何言哉！」四時八節所以能按時序運轉，是因為「天地定位」，天行天之道，地行地之道，天之道就是

「好生」。地之道就是「長養」，即所謂「天有好生之德，地有長養之恩」，正因為天地定位，才能各司其職，因此地球上的萬物，才能生生不息，生命得以綿延不絕。

「二〇一二」的隱憂，恰似揮之不去得夢魘，今年來諸多可怕的天災人禍，是上天慈悲的預警？還是眾生該得到的懲罰？霍金博士預言：「地球將在二百年內滅亡，人類應向太空移民。」如果預言成真，那又何必「再來」？但諸多仙佛菩薩卻執意「乘願再來」。但願諸佛的悲愿，能轉化已是千瘡百孔的地球，唯有彌勒淨土實現，我們才有機會見佛聞法證果。但請別疏忽了上天早就鋪排好的「延康風劫」，七七四十九天的暗夜沉潛，將帶來一萬零八百年的「未來世界」，誰能順利過關？準備好了嗎？祝福您我都能帶肉身過白陽劫。

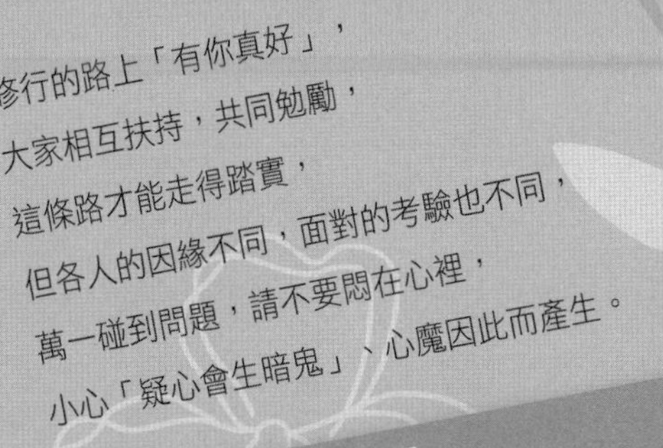

修行的路上「有你真好」，
大家相互扶持，共同勉勵，
這條路才能走得踏實，
但各人的因緣不同，面對的考驗也不同，
萬一碰到問題，請不要悶在心裡，
小心「疑心會生暗鬼」、心魔因此而產生。

蛻變的喜悅

遊美國加州首府沙加緬度

基礎雜誌發行迄今已近二〇〇期，堂堂邁入第十七個年頭，為了慶祝這「轉大人」的喜悅，潘點傳師來電，希望後學寫一篇文章給與鼓勵和期許。

十七年了，基礎雜誌在點傳師和諸位工作同仁的努力下，進步神速、尤其是封面封底，由原本的單調平面、轉變成有立體感又十分亮眼，所摘錄的照片也頗具職業水準，還有更多的善知識，願意將心得提出來和大家分享，使基礎雜誌成為同修們必讀的刊物。十七歲的她，不但不寂寞，而且已由醜小鴨蛻變成美麗的天鵝，這份喜悅更值得大家來喝采和分享。

如果篇幅可以增加的話，是否可以增設幾個專欄，譬如「料理點心」：讓廚房媽媽們可以將精煉多年的拿手好菜和甜點，無私地公佈出來，好讓有興趣的同修，可以依樣畫葫蘆，那大家就有口福了，不但可以切磋廚藝，又可以通告何處有「良心素料」可買，或是如何製造簡易素料，讓大家吃得既健康又營養，而且可以放心地大快朵頤，而她們的大作，請用彩色照片刊登，保證看了一定令人垂

涎三尺。

「園藝插花」：拈花惹草可以怡情養性，有諸多同修「花藝」絕佳，不論是舞台佈置或是展覽會場，都可以看到賞心悅目的傑作，據悉有諸多同修從事園藝工作，而且資歷豐富，更有許多人受過「插花」的專業訓練，甚至已取得「講師」資格，可以開班授徒的也大有人在。」請他們將得意的作品以彩色刊登，好讓雅俗共賞，並介紹如何完成該作品。從事園藝的同修，也可以將栽種的心得文字化，教大家如何種植又香又美的花卉和盆景，好讓同修們能滿室生香，並開出燦爛的花朵。

「你問我答」：修行的路上「有你真好」，大家相互扶持，共同勉勵，這條路才能走得踏實，但各人的因緣不同，面對的考驗也不同，萬一碰到問題，請不要悶在心裡，小心「疑心會生暗鬼」、心魔因此而產生；切記「疑思問」，希望能將心中的問題丟給基礎雜誌，徵求善知識的解答，讓大夥能熱烈筆談，如果限

期內無人回答，則拜託點傳師或前人們作答，如此不但可以解決問題，更可以提升大家的參與感，凝聚基礎道氣。

「故事漫畫」：這是針對小朋友設計的，不但有小故事大道理，又有幽默風趣的漫畫可看，相信小天使們一定會搶著看基礎雜誌，但道親中具有漫畫功力的可能有限，必要時可向外徵稿或請求轉載。

基礎雜誌早已深得同修的喜愛，由印刷量的逐期增加可見一斑，若能增設（恢復）前述專欄，當可吸引更多層次的讀者群，如此普遍化、全面化，那凝聚力就不可限量了，基礎雜誌是我們大家的園地，但盼您能熱誠參與，更期待您能呼朋引伴，共同來耕耘，讓我們誠心祝福她健康平安，當然更要祝福熱誠的您。

世界大同是宏道的終極目標，
更是苦難眾生的永遠盼望，
同文同種同根生的兩岸同胞，
歷經一甲子的磨難，
還在尋找「和解共生」的方法，
試想：兩岸都不能同了，世界如何大同？」

老水再還潮

美西遊

一葦渡江老水還潮

道統傳承中，在中國有東方前十八代，傳至孟子而終絕，西方二十八代應運而生，傳至達摩祖師時，他看見東方已現大乘氣象，該是將道傳回中國的時候了，因此在梁武帝時，一葦渡江，而後有東方後十八代的祖師傳承，也才有師尊師母奉天承運，成為最後一代的祖師，肩負起辦理末後一著，普渡收圓的重責大任。祖師傳承中，依序有東方前十八代，西方二十八代，東方後十八代，總共有六十四代的祖師傳承，正好符合八八六十四卦的圓滿數。歷代聖哲將達摩祖師——「把道傳回中國」這檔事，稱為「老水還潮」。

乘願再來萬殊歸本

沾著天恩師德，後學們才有行功了愿的機會。民國七十七年，台灣當局將一貫道列為合法的宗教，從此「官考」消弭，道務得以順利推展，各組線也各隨因緣，向全世界進軍，經過多年的努力，已有八十多個國家有一貫道的道親，甚至在當地安設中堂救渡蒼生。據悉，在台灣已有千萬人求道，中堂也不計其數，這都是大家辛苦的成果。攤開五千年的歷史文化，除了儒家，道家外，幾乎都是外來的宗教，就只有在這末後的階段，由台灣人扛起「復興中華文化」的重擔，把道傳遍萬國九洲，這是何等的殊勝！據聞師尊在法會臨壇時，也曾讚嘆不已，他在世時，足跡未跨出大陸一步，而今大道能傳遍全世界，這都是台灣人的光榮。更要感謝天恩師德的加被。

回想師尊殯天後，師母於民國三十八年到香港，而後定居台中。大陸因赤化而止渡，中華文化也因此碰上浩劫，未及時逃出鐵幕的前賢大德們，不是頂劫，就是勞改，道難蔓延全國，道親們自保都來不及了，誰還敢傳道？此後出生的大陸同胞，更不知「道」為何物？

「一聲令下捉拿善人，一字敕令萬祖歸根」（註一）因修道而頂劫的前賢們，大愿未了，試想他們哭回天庭後，應該會叩求老㆗慈悲，讓他們及時轉世到台灣或其他有緣地區。「庚寅辛卯到，西域豐收年」（註二）以了前緣，繼續修辦。更企盼有朝一日，能將大道傳回中國，重演祖師「老水還潮」的戲碼。

兩岸直航大戲登場

「二十一世紀是中國人的世紀」，看來所言不虛，請先將統獨藍綠擺一邊，真誠的面對事實的真相。今年才是本世紀的第八年，對岸已躍升為世界大國，外滙存底早已穩居世界之冠，國力更直逼美國，奧運才剛圓滿落幕，他們的成績也是世界第一。「國共」的恩怨，已因「當事人」的作古而煙消雲散，「中南海」陸續飄散出大和解的咖啡香，兩岸有了更多善意的互動，大陸代表陳先生，在十月二十七日也將來台商討「直航」等議題。

後學認為，兩岸能直航，即是將「老水再還潮」的序幕揭開，鑼鼓已隱然作響，普渡收圓的大事即將在大陸推展，這更能奠定統領全世界的基礎。後學瞭解，有些組線在幾年前，就已擬好回大陸傳道的短中長程計劃，且積極的佈局。

回想五十年代的台灣，雖然執政當局將一貫道列為非法組織，不准傳道，更嚴加取締，但道能宏與否是天事，理該由上天作主，老𠁩要道在台灣生根發展，當局愈是禁止，道卻愈辦愈宏。老𠁩早已定好的「龍華三會」，一定會按時在神州開演，後學更相信，不久的將來，就可以回大陸「騎馬點玄」了。

掌握先機報恩了愿

教師節的兩天假期，後學所屬的基礎忠恕瑞周天惠，所有海內外點傳師，頂著狂風暴雨，在土城天華山召開今年度的道務會議，有議題主張到越南傳道。許多人認為，越南人純樸善良，雖然官方不准去傳道，但可先去卡位。後學卻不認同，因為天惠堂的「資源」很有限，出國開荒應先審慎評估。越南和大陸相比，一樣是共產國家，一樣不准傳道，去越南的路程較遠，越語又不通，還得勞駕別組線的人，來幫忙翻譯和解決問題。而大陸和我們同文同種，「北京話」全國皆通，「閩南話」部分地區也會通，兩岸直航後，在時間和財力上節省很多，加上大陸的領導群，也很重視中華文化，各地區都在推展兒童讀經，這就是和我們有交集了，可以先打著「宏揚中華文化」的大旗，來廣結善緣，而後再暗鈎賢良，所以若要出國卡位，就應該先到大陸佈局。

世界大同是宏道的終極目標，更是苦難眾生的永遠盼望，同文同種同根生的兩岸同胞，歷經一甲子的磨難，還在尋找「和解共生」的方法，試想：「兩岸都不能同了，世界如何大同？」

衷心期盼，兩岸的領導人有智慧，有勇氣，能突破僵局，早日讓大道傳回大陸，台灣只有二千三百萬人，有上千個點傳師，花了六十年仍未渡圓滿。而大陸有十四億人，要用多少人力？多少時間去渡化？領有真天命的點傳師們，大多已

年近古稀，且人數愈來愈少，還有多少體力能撐下去？但願所有點師都能成為祖師的化身，所有辦事人員都能跟隨他們，一起到大陸傳道。白陽大戲你我都是最佳主角，敬請不要缺席。「老水再還潮」是上天既定的末後大事，謹以十二萬分虔誠的心，叩求老中慈悲，讓這機緣早日成熟。感謝天恩師德。

註一、二：請參閱吳靜宇老前人的大作「封牖集」第一一八頁。

海外開荒是件艱辛的工作，
人力財力諸多不足，
若能「資源共享」應可彌補諸多不足之憾。

點傳師法會心得報告

遊台灣東北角大里天公廟

民國八十二年底領命時，聽到前人輩們談起，忠恕道場的第一次點傳師「星光營」才剛開過，大家收獲良多。讓後學好生羨慕，第一次沒能趕上，第二次應可順利出席吧，沒想到，一等就是十七個年頭。今年總算如願參加點傳師二天一夜的法會。那下次呢？還需再等十七年嗎？或是更久？如能將法會規畫成常態的課程，譬如每五年召開一次，那該有多好。

第一天的重頭戲，就是晚上的「禮節驗收」，後學被分到第十五組，由一位資深的江點傳師負責驗收。本組共有六位學員，都還算年輕，大家做的很認真很確實，所以在八點半就全數過關，而有的小組竟然操到十點半才收工，前後差了二個小時。隨著年齡的增長，記憶力逐漸衰退中，若久不辦道，或一年難得辦個一、二次，那「立囑」鐵定會「二二六六」。有這種現象的點傳師，應該自我要求，每週默背一遍「辦道禮」。從請壇經、末後一著、到辦道立囑，如此一來，實際辦道時，才能從容應對。而部分細節，不需作嚴格規定，以免礙手礙腳，只要大體看來莊嚴肅穆也就可以了。而後把「驗收」改為「示範」就好，剩下的時間改為「聯誼」。難得有這麼多的點傳師齊聚一堂，一定有許多話要說，就請順應民情，讓大夥好好聊聊，也算是好事一件。

法會都有「班規」，是否能定訂適合本班的規定，而非全盤性的規定，以免流於形式，而增添學員「不守規定」的錯誤。例如「止語」，十七年來難得再見面，一下課就三五成群的哈啦起來，早把「班規」中的「止語」抛到九霄雲外，從第一堂下課起到畢班止，只要有休息的時間，整個會場內外就像菜市場一樣，歡樂的氣氛感染大家，連後學也加入聊「五四三」的行列。因為下次再聚首不知是何年何月？就算有第三次法會，屆時大夥能否全員到齊？畢竟年齡超過「一甲子」的點傳師占大多數，何不珍惜當下，一吐為快。

雖有修辦心得分享，但時間不夠，案例太少，請先徵詢有那些值得上台報告的心得，並請他們預作準備，屆時把握時間發表，一來場面不至於冷清，二來時間可充分掌控。並將「心靈迴響」的時間一併用上，讓有機會上台者能有較多時間發言。另以書面的「心得報告」代替「迴響」以彌補不能上台報告之不足。並在「基礎」月刊刊載大家的報告，如此應可皆大歡喜，月刊也能增加許多擲地有聲的大作。

海外開荒是件艱辛的工作，人力財力諸多不足，若能「資源共享」應可彌補諸多不足之憾。在國內可設立「溝通平台」，期能掌握所有開荒資訊，有那些國家或地區，需要什麼支援，可向「平台」求援，平台負責將消息傳播出去，例如利用月刊登載，或在點傳師班宣佈……請求大家支援，更希望能捐棄「單位」之見，共同為「忠恕」打拚，如此基礎忠恕才能一道同風。更進一步能和其他正統組線合作，讓一貫道能宏遍萬國九洲，更期待能因此而早日老水還潮。

若要一道同風，還得請各「單位」的負責人，能學習老祖師的肚量和慈懷。自己單位的點傳師被別單位邀請去授課成全，能給與肯定和支持。當然被邀請者，更應有「本末先後」的考量，只要不沖堂，或工作有其他點傳師可以暫代時才可接受邀約。畢竟「支援」是短暫而臨時，不能作為常態。再者，點傳師是「代表師」，代表「濟公活佛」，請問濟公有分台灣的還是美國的嗎？有分基礎的，還是寶光的嗎？當然沒有，懇請各單位的負責人，能以大局為重，同為基礎忠恕打拚，替中分憂，替師分肩。

後學曾蒙安東組高老前人開示：他從韓國輾轉來台灣傳道，在我們張老前人的輔導下，立身新竹開始宏道。蒙上天恩賜，道務推展尚稱順利，因尚未和師母接上線，手中無「天命」可放。眼看道務逐漸開展，特別懇求張老前人幫忙，因為他只知道張老前人手中的天命絕對是真的。我們老前人秉持師尊師母大公無私的家風，請他將人才帶到基礎道場，放了四個天命。（註）又請高老前人將人才帶回安東組效命。高老前人對張老前人的大恩大德沒齒難忘。由此更印證基礎忠恕的點傳師們都有真天命。而老前人輩的風範，更值得後學們尊敬和效法。感謝

天恩師德。

註：請參閱「任考不倒的大願行者——宏宗聖道學院發行」。第二一八至二二三頁。

天恩師德感應篇〈二十一〉

道親的故事

遊美國舊金山大橋

九十三年五月十一日奉命到大馬的檳城等地學習了愿，短短的十三天中，課程幾乎滿檔，僅一天晚上沒課。好不容易有個空檔，和當地道親作雙向溝通，也因此聽到一則很震撼的消息，利用白天空檔，在檳城即時完成初稿，以便有疑問時，能在第一時間解決，免得回到台灣後才打國際電話來請教，那就太不划算了。

住在吉隆坡的周錦發點傳師，在今年四月份時，處理過一則冤欠催討功德的顯化，為了聽第一手資料，特別撥了長途電話到周府探詢，正巧周點傳師夫婦外出，拜託他兒子轉告，請他方便時再回電話。從檳城到吉隆坡，走高速公路車程要五個多小時，本想親自拜訪事件中的另一位主角陳兄——陳淮輝道親，奈何課程滿檔分身乏術，只得用電話聯絡了。

周點傳師回電說：他連襟的兒子陳兄，是大一先修班的學生，原本乖巧懂事的大男孩，十分用功，成績都名列前矛。可是農曆年過後，卻變了個樣，不想去

上課，整天在外面鬼混，回家就躲在房間內打電動，父母勸他要學好，他不但不聽，反而罵父母囉唆討厭，陳媽媽很傷心，就拜託姊姊、姊夫，就是周點傳師夫婦能幫忙勸勸，盼兒子能早日改過向善。

四月二十六日，周點傳師夫婦專程到陳家想和陳兄溝通，他卻一再閃躲，一再迴避，始終保持緘默，一句話都不肯說，一副不理不睬的模樣，害得周點傳師覺得自討沒趣，只好先告辭了，才到家，電話鈴就響了，小姨子打來的，拜託周點傳師再去一趟，她兒子有異靈附身，且開口說話，只想和點傳師溝通，別人不可以來。「在他家陪他一整天，什麼也不說，才回到家又要找我麻煩。」周點傳師心中無奈的嘀咕著，為了眾生，何況又是姻親、又是道親，只好再次前往，幸好都在吉隆坡的範圍內，距離不算太遠，周點傳師燒香時，特別叩求老中慈悲，叩求老師幫忙化解，也邀請陳觀泰壇主陪同前往幫忙。

才跨入陳家大門，陳兄便拖著周點傳師衝進自己的房間，還邊走邊說：「有

個靈來搗蛋，害我不能自主。」一進房門，順手把房門關上，便躺在床上，雙眼緊閉，渾身輕微抖動著，還用閩南語罵道：「我不會善罷干休，我跟你沒完沒了。」陳壇主怕點傳師有意外，也自行開門進來護駕，那靈責問站在點傳師身旁的是誰？「他是陳壇主，我請他來幫忙的。」那靈原想下逐客令，聽點傳師這麼一說，也就不作聲了。

周點傳師知道那異靈已上身，便開始和他談判，希望能原諒陳兄的無知，有什麼深仇大恨，希望用渡人功德迴向，盼能饒陳兄一命。那靈很生氣的咆哮：「那渡五百人的功德給我們。」「為什麼要這麼多呢？你不要亂來！」周點師以為他是獅子大開口，所以用責備的口吻告誡他不可以胡亂開價，那靈才簡略道出原因，原來不是只有一個債權人，那靈的父母也是受害著，由他代表來討債。周點傳師希望他能降低一點，現代人沒那麼好渡。折衝許久，那靈才答應：「哪渡百人迴向給我們，一個也不能少，我很急，要趕快迴向，越快越好。」溝通完之後，那靈就退了，陳兄不一會兒也清醒了。

一家人立刻討論要渡那些人，在那邊辦道，有的用電話聯絡，有的親自登門拜訪，周點傳師夫婦也幫忙渡化了一些人，隔天就辦了二十四眾迴向，五天內連辦四次道，共渡了一百零五眾，全數迴向給陳兄的冤親債主，希望他們能早日去投胎轉世，好好的來修行。

陳兄完全變回原來的模樣，是個很用功又有禮貌的大學生，一家人開始改變飲食習慣，學著吃素了。那靈在溝通當中，還拜託周點傳師成全陳兄一家人，不但要素食，將來還要開設壇堂，廣渡有緣眾生，只要百人的功德迴向就夠了，那前世的債務一筆勾消，不會再來干擾了。

事後周點傳師有些許的懊惱，因為他算是新領命不久，又沒碰過這種事，處

吉隆坡清真寺（為東南亞最大清真寺）

理過程中慌了手腳，忘了問清楚那冤欠的尊姓大名？是那個時代？那個地方人？是什麼原因欠下三條性命債？還好濟公活佛已在暗中幫忙化解妥當，以後若再有類似的催討事件，周點傳師相信應該可以處理得更圓滿，感謝天恩師德。

天恩師德感應篇〈二十二〉

余壇主家的故事

與陳五福博士攝於美國忠恕道院休息室

新制高級部第一期已於去年結業，後學所學習的儒三組僅剩下第二期的三位坤道學員，只好和儒二組第二期的四位乾道學員併成一班，因此認識了學員之一的余兄，他已逾古稀之年（民國二十一年次出生），仍然神采奕奕，上課十分認真，還獲得全勤獎，平時白天都在基隆啟化堂當義工。夫人張姐（民國二十四年次出生），身體十分硬朗，講話時中氣十足，在家相夫教子，幫忙照顧孫子，一家三代和樂融融，是個典型的修道世家。

課中休息時，余兄曾問及領命一事，後學告訴他，是由地方前輩推薦，老前人考核通過才放命。他說他的老丈人張金相點傳師授命時並非如此，而是在訓文中出現他老的名字，叫老前人放命給他；而且他的夫人張姐，曾因吃錯藥，小命幾乎休矣，靈魂出竅到鬼門關走了一遭，幸賴天恩師德加被，才能逃過一劫。這席話激起後學的興趣，希望他能安排，讓後學親自拜訪張姐，聽她敘述第一手的「地獄遊記」。九十三年六月十八日星期五下午二時，由王敏仲學長開車，陪後

學到基隆長庚醫院附近的國家新城，拜訪余兄、張姐一家人。

輔助前賢張道盤
德育群生金言談
大道宏展相辦事
仙佛助道到塵凡

余兄拿出五十七年五月廿六日的結緣訓文，從鎮壇詩可以清楚看出來，張金相點傳師受中敕封為「輔德大仙」。余兄說，張點傳師於民國三十六年求道，當時正好六十歲，民國四十年領點傳師命，民國五十六年歸空。

在某組線某次的結緣訓文中，濟公活佛指示張金相必須領點傳師命，然而該組線卻找不到有這姓名的修辦人員。早期從大陸來的前輩們常有往來，該訓文

傳到張老前人手中時，張老確認本方道場有此人。因為張點傳師在瑞芳周前人家中求道，沒多久就清口茹素，發心修辦道，是個不可多得的修辦人員，所以前人輩們都知道有這麼一號人物，張老前人明白，因為張點傳師年事已高，老天想讓他能有更多機會代天宣化。領命後，張點傳師夙夜匪懈，全心奉獻道場，二十年的修辦中，渡化親友無數，七位同修先後承領天命。早期交通不便，大都步行或搭火車、公車，幾乎每天都出門去巡視各中堂，所負的責任區巡過乙遍，就要花上一個月，如此探望老道親、成全新道親，犧牲奉獻，不辭辛勞。往生前在醫院住了一個月，回家過中秋節，隔天又出巡了，才到第一家，就覺得身體不適，心想可能是躺太久了，向壇主要了些萬金油塗抹在太陽穴等處，才覺得清爽些，便起身告辭了，不久被發現坐靠在路邊的大榕樹下往生了。走的瀟洒，走的無牽無掛，揮揮手，沒有帶走天邊的一抹雲彩，卻已證得大仙果位。

黃蓮黃粉色同質異
求道修道表裡不一

聊完了大仙事跡，輪到張姐細說從頭：余兄原本在八堵開雜貨店，諸多原因生意失敗，只得隻身到北投某工廠作保溫工作。那年已三十多歲，懷有第六胎，且已八個月，關餉日到，張姐因沒錢給小孩買奶粉，只得趕到工廠找余兄要錢。不巧老板不在沒錢發餉，老板娘拜託張姐在工廠住一宿，明天老板一定會回來發餉。張姐答應留下來，可是胎火很盛，不吃黃蓮就無法入睡，余兄剛來此地不久，也不知道那兒有中藥行，有位小弟是在地人，自告奮勇去幫他買黃蓮，張姐見這黃蓮是粉末狀，與他在八堵買的不相同，但顏色是一樣的，她心想或許是北投中藥店的老板比較勤快，把塊狀的黃蓮研磨成粉狀吧，也沒有先嚐一點看看，

就這樣一口吞下整包的「黃粉」，不到一秒鐘，食道如萬刀在割，胃部絞痛作嘔，將剛剛吞下去的幾乎全吐出來了，但仍然全身痙攣，兩眼發黑，身子一仰就不省人事了，老板娘見狀，趕緊拿出五百元，叫余兄僱計程車，趕快送台大醫院急診。

張姐說，因為父親是點傳師，先生是壇主，她為了照顧一家大小，沒時間去參班研究，而且對鬼神一事就不怎麼相信，吃素也是配合家人而吃，對道並不瞭解，是屬於鐵齒族，也才惹出這場地獄遊記，也因此才讓她徹底覺悟，修道才是唯一正途。

千山我獨行
不必來相送
黃泉無客舍
今夕宿何家

靈魂出竅後，獨自一人行走在大馬路上，路面是大小石子鋪成的，天色還算亮，大約走了二十多分鐘，奇怪，怎麼只有獨自一人，四週一片死寂，不一會看到前面有一座拱橋，橋頭站著兩個「人」，一個是人身牛頭，一個是人身馬頭，兩個人最少都有七、八尺高，一個拿著三叉戟，另一個拿著芭蕉扇，把守在橋頭兩側，張姐心想：「這不就是牛頭馬面嗎？怎麼好像是陶土捏的一般。」還想用手去摸他們的手臂，這時聽到他們開口講話了：「我們是真的牛頭馬面，小女姥快從這橋過。」他們示意叫張姐走上拱橋，張姐心想，完了怎麼闖到地府來了，想調頭落跑，才一回頭，後面居然是絕壁，想往左往右逃，一樣又是碰壁，找不到回家的路。「這是條不歸路，不用奇怪，乖乖的從這裡過去吧」，張姐很無奈的登上橋頭，仔細的瞧了一下，這座橋面是以水泥磚塊鋪成的，兩邊都沒有扶欄，看來有點恐怖感，一不小心就可能滑下橋去。再定神一看，不遠處還有另一條橋，和這座橋平行，一樣是拱橋，但那材質好像是粗麻繩編成的，風一吹還會

左右晃動，有許多人從那條橋走過去，而這條橋只有她一人，心中是很狐疑。「那一條橋就是奈何橋，你不可以從那邊走，趕快從這條橋過去，」他們又再催促著：「再不快走，就把你叉下橋去給銅蛇鐵狗咬。」那隻三叉戟已往身上刺來，嚇得她不得不快速登上橋去，只見橋下清澈見底，連小魚在水中漫遊都看得一清二楚，心想這兩個牛頭馬面真會騙人，那有什麼銅蛇鐵狗，才一動念，只見原本清澈的河水，變成翻滾的黑水，水中現出一條大蟒蛇，身子有牛身一般粗，長得不見首尾，在水中滑行著，仔細一算，竟然有七種色彩；突然水面下冒出一隻怪物，身子像大象，頭像狗，全身黑得發亮，在水中載浮載沉，突然一仰首，張開血盆大口，露出鉅齒狀的大鋼牙，一付要跳上來吃人的模樣，嚇得她三步併作二步跑，飛也似地衝到對岸。

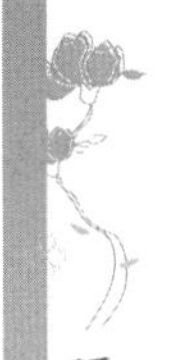

愿不能了難把鄉返
陽世違愿陰間受罪

橋的這端景象全然不同，天空是灰矇矇的一片，頭頂有很大的壓迫感，奇怪的是，路上都是男生，只有她一個女生，走了好一陣子，看到一棟大宅院，有一大群人，縮手縮腳蹲坐在地上，外面好似罩著一個大簍子，那情形就像雞鴨用竹簍子貼身罩著一般。正聚精會神的打量那些人的相貌，好像都不認識，有些人被拖出來鞭打，看似痛苦萬分狀，打完後又爬進簍子內，突然一個清晰的臉龐出現在眼前，那不是婆婆嗎？張姐大聲的吆喝著：「婆婆！」只見婆婆在簍子內，用手畫了一個圈圈，點一點，又比個三的手勢，張姐明白了：「您是說一天照三餐打嗎？」婆婆點了點頭，又作手勢叫她快走快走，不要再來，張姐流下傷心的

淚，婆婆雖然有求道，而且曾立下清口愿，可是晚年患了肝癌，卻因此破了戒，病痛一年多就往生了，也因此回不了理天，還得一天照三餐打，不知何時才能出頭天，張姐傷心痛哭，只得繼續往前走。

懷胎往生浸血池 哭求嚴父快救援

又走了好一會，突然出現一位工人打扮的年輕人，叫張姐跟他走，走到某空曠處叫她坐下，張姐四週打量一下，是一望無際的稻田，田埂很狹小，大路旁還有一棵老榕樹，張姐就照指示坐在榕樹旁的田埂上，只覺得一股強大的吸力將屁股吸住，不但沒法左右移動，想爬都爬不起來，只剩下手腳還可以擺動，那人走後又折返，叫張姐要把額頭貼到地面，「那太難過了吧，為何要這麼坐？」張姐抗議道。「這裡是血池，你就是要這麼坐。」張姐心想，這明明是一望無際的稻田，還說是什麼血池，真會亂蓋，才一動念，萬頃的稻田立刻化作血池，血水是暗紅色的，還很黏稠，還有惡臭的腥味，而且到處都是人，全部是坤道，有的坐、有的站、有的蹲，各種姿勢不一而足，各各面帶愁容，哀聲嘆氣不已，這時的張姐才意識到：「難道我死了嗎？聽說懷孕往生的人要浸血池，喔！我不要死，不要死！」張姐內心吶喊著，手腳不停地揮動著，再怎麼掙扎就是站不起來，只好放聲大哭，想起爸爸是點傳師，一定有辦法救她，立刻大叫：「爸爸快來救我！」誠心的哭、喊了一會兒，遙遠的天際出現一個亮點，由遠而近，愈來愈大，原來是一朵五彩祥雲，雲端上坐著一位神仙，手上還拿著一把拂塵，定神一看，「那不是老爸嗎！」張姐立刻揮動雙手，大聲呼叫，雲端上的張點傳師卻一動也不動一下，就這樣靜靜地飛過去了，張姐再怎麼大吼大叫，張點傳師好像都沒有聽到似的，頭也不回地飛走了，那年輕人還在一旁撥冷水：「哭也沒用，該承受的就乖乖承受吧！」張姐哭了好久好久，不知何時出現一位員外打扮的老頭杖者，手上還拿著一根黑色的龍頭拐杖，慢慢的緩步走來，「你起來，跟我走，不要回頭看。」張姐立刻可以起身了，便跟著那老者走。

六道輪迴隨業轉
地獄無門莫進來

跟著老者走了好一會，來到一個小山崙下，老者指示她獨自登上那頂端。「在那兒好好等候，有人會來救你，若有人叫你隨行，絕對不可以跟去，千萬要記住，地獄不是什麼好地方，不要再來了，回去後將所看到、體悟到的，儘量說

給人聽，一來可以幫你婆婆消業，二來可以警惕那些心志不堅的人，如果人家不相信你，也不用難過，各有因緣不用勉強，切記！切記！」交待完，一轉身就不見了，張姐獨自登上最高點，往下一看，山下好不熱鬧！熙來攘往，好像是個大菜市場，又有好多通道，不知要通往何處，正欣賞著，突然看到十二個男男女女，穿著相同款式的衣服，排成一隊，邊走邊玩笑著，還抬頭叫張姐下來，跟他們一起去郊遊，張姐有點心動，但想起老者的交待，只好待在原處不敢動彈，但是眼睛卻盯著那十二個人的行蹤，只見那十二個人走上一條通道，遠遠地看得到他們用手拿個杯子，舀了些水就往嘴裡送，拐個彎就不見了，等最後一個也不見人影時，山下的景色又換成另一幕，只見一個農莊的豬舍，一隻老母豬正好生下一窩小豬，仔細一算，正好十二隻。張姐心裡明白，那十二個人轉世作豬了，心中一陣震撼，大叫一聲，身子失去重心，滑了一跤就驚醒了，才發覺自己被綁在病床上，就在台大醫院的加護病房中。

該作的灌腸都已作過，胃內的毒素差不多都排出來了，張姐終於清醒了，護士告訴余兄要繳保證金新台幣陸仟元，才能住院治療。余兄哪有那麼多錢！只好趁護士交班的空檔，拖著元氣大傷的張姐回北投工廠療養，只能到附近的小診所，吃些西藥，半個月後，原本發黃的膚色，才漸漸地白回來，不幸中的大幸是沒傷到腹中的胎兒。感謝天恩師德。

後記

【一】

張金相點傳師歸空後曾來批訓，老申敕封他為「承德小仙」，因時日久遠，余兄說原訓文已找不到。由於家人及後學們的誠心修辦，張點傳師在世時就已有七位後學被提拔為點傳師，歸空後還有三位，托大家的福，五十七年再次結緣時，已晉升為「輔德大仙」，訓文影本，余兄送乙份給後學存參。

【二】

余兄十九歲求道，當時即清口當愿，三個月後開壇，誠心修辦，六兄弟當中，僅他一人茹素，余媽媽原本反對余兄素食，但被他的孝心感動，據聞當兵期間，每週乙信問候母親安好，不但未向家人要錢，還能將薪餉寄回家給媽媽，余媽媽深受感動，才跟著兒子吃素，退伍後成家並學作生意，但生意不好虧損累累，沒幾年只好關門大吉，又將房子賣掉來還債務，不得已中堂只好收起來與道場中斷了。這期間諸多苦難，又犯官符，又有子女生離死別，連余媽媽病痛都無法親自照顧，而讓老人家違背誓愿，余兄痛苦萬狀，自責不已，深自懺悔，祈求上蒼慈憫赦罪，張姐的「地獄遊記」加上侯後連三夜的夢中顯化，余兄發愿，只要將來有機會買房子，一定要把中堂再行安座。果然，在老丈人往生後，大仙在暗中撥轉，還有道親們的鼎力成全，張氏中堂在休息十年後復壇。當晚余兄就夢見母親打扮光鮮亮麗，穿著發亮的白袍，雙手合十，面帶微笑，在床前向他點頭稱謝。余兄流下高興的淚，知道媽媽已脫離苦海，正期待家人能真心修辦，她才能得到庇蔭，余兄從此精進修辦，願媽媽能早日飛昇。

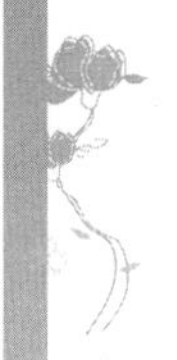

【三】

遊地府不久，張姐又接連三天夢見婆婆回來「討食」。第一夜在睡夢中被推醒，睜眼一看原來是婆婆站在床前，示意要和她談話，她告訴婆婆，有話就直接跟余兄講，不必由她來代轉，不理會她婆婆，轉個身又睡著了。第二夜婆婆又在夢中出現，雙手按著肚子，表示飢餓難奈，張姐起身到廚房拿剩飯給她吃，婆婆示意要大碗的又尖又滿，並請張姐先放在水缸邊，不可以直接拿給她。當婆婆伸手要去抓飯時，突然出現一隻大手，把那碗飯撥入水缸中，又順勢將婆婆拉走。張姐驚叫而醒，她心裡明白，婆婆毀了清口愿，墮入陰曹受苦，打定主意，只要婆婆再來一次，她一定會把全情轉告余兄。第三夜，婆婆又把張姐搖醒，並作出又冷又餓的痛苦表情，並示意缺錢用（欠功德），希望全家真修實煉，廣渡有緣，好將功德迴向給她，她才能早日脫離苦海，張姐答應她一定照辦。此後婆婆就不再來干擾，直到中堂從新安座好，當晚才在睡夢中現身給余兄看，終於能脫離苦海，不再被照著三餐打，而能在地藏古佛身邊聽經，等候家人的功德迴向，感謝天恩師德。

天恩師德感應篇〈二十三〉

漂浪之女

羅丹名雕「沉思者」攝於史丹福校園

九十三年十月三十日，呂兄接到妹妹的來電，說媽媽好像有異靈附身，不但胡言亂語，還有暴力傾向，模樣變得十分猙獰又恐怖，希望他趕快回家幫忙照顧。呂兄立刻向老闆娘蔣姐請假，蔣姐知道住在嘉義的妹妹出事了，便叫呂兄先回家，並告知明天早上林點傳師會到台南辦道，下午將邀他一起去探望妹妹。

林壇主知道小姨子出了事，和林點傳師聯絡好，便帶著老婆蔣姐和幾位道親，從高雄路竹趕到台南和林點傳師會合，一起北上嘉義辦事，時間是三十一日下午二點。

到了呂府，只見呂媽媽眼露凶光，呲牙裂嘴，胡亂吆喝，還作勢要打人，子女們面容哀戚，無助地畏縮在一旁，蔣姐看到好端端的妹妹，竟然變成這副德性，不覺悲從中來，兩行熱淚不聽使喚，林點傳師好言相勸，希望這位「大德」能原諒呂媽媽的不是，趕快離開她的身體，不要再干擾她。並請教這位大德尊姓大名，是什麼緣由要附在呂媽媽身上？「吾乃漂浪之女，和她沒有債務糾紛，」

「既然無冤無仇，為何要侵犯她的身體？」點傳師責問道，這位漂浪之女才細說從頭：「她喜歡到宮廟靜坐修法，又喜歡簽大家樂，還曾焚香祝禱，希望獲得明牌，所以我就變化成觀音菩薩、太子爺和土地公，接連四次來騙她，她都信以為真，每次都簽十幾萬，連續摃龜四次，把積蓄都輸光了，才傷心後悔不已，我看她已經六神無主，正氣全消，知道快要出事了，就尾隨她，想趁隙侵入，到了十字路口，她一恍惚就出車禍了，趁她短暫昏厥，我就進來了，有身體可以住，多好啊！又溫暖、又舒服，叫我離開，門都沒有。」漂浪之女好不容易找到這個殼可以借住，說什麼也不肯離開，大夥又七嘴八舌幫忙關說，她依然故我，還來個相應不理。

點傳師心想，她一定沒求過道，更不知大道的殊勝，所以又開口說道：「呂媽媽有求道，她的兒子也有在道場參研，姊姊家還有中堂，你應該要瞭解大道的殊勝，雖然妳沒有身體不能求道，但他們可以用渡人的功德迴向給你，妳就不必

再漂浪了。功德夠了，還可以再去轉世投股，這才能解決妳的問題，強占別人的身體是不正當的行為，我好言相勸，希望你不要一錯再錯，要渡多少人迴向給你才夠？」靜默許久，她才又開口道：「那渡二十個人迴向給我，並給我立一個神主牌位，讓我先有個歸宿。」點傳師接著又問：「用渡人的功德迴向給你，那妳的姓名呢？」漂浪之女用哀怨的語調，娓娓說出滿腹的辛酸：「我叫李淑芬，嘉義朴子人，生於民國九年……」漂浪之女原原本本的說出她的身世，連出生和忌日，還有住址都交代得一清二楚，還爆料：生前背著丈夫去賺皮肉錢，後來被老公發現，憤而用尖刀將她刺死，還將屍體投入大河中隨波逐流，所以她才自稱漂浪之女，死時才三十六歲。

蔣姐被指定作主，還說她一定可以渡到二十人，為了妹妹，蔣姐只好東拜託、西叩首、發動諸親好友幫忙渡人，而且要越快越好，因為還沒有功德迴向前，「她」是不肯離開的，當天在場的道親們，也奔相走告，又一件顯化實例，可以印證大道的殊勝和可貴，也請大家趕快去渡眾。

十一月二日，李淑芬要求先替她把神主牌位作好，並要求功德迴向必須在上午完成，下午一時前，將牌位送到嘉義的慈雲寶塔，蔣姐又拜託林點傳師和蘇兄先來一趟，陪著李姐親自到寶塔查訪，她還自己點選了向東第八排第十二號。李姐又爆料：「幸虧你們能儘速處理，要不然被我佔用滿二十六天，她可就要沒命了。」

十一月七日上午，蔣姐申請辦道，正巧蔡點傳師回國，就請他負責點道，李淑芬神色緊張的責問，為何不是林點傳師主持？蘇兄請她稍安勿躁，林點傳師已搭飛機南下，待會兒就到，她才很嚴肅的站在一旁監視。

在諸親好友的通力合作下，短短一週就渡了四十一眾，辦完道、也作好功德迴向，林點傳師、蘇兄和蔣姐陪著呂兄將李淑芬的神主牌位送到慈雲寶塔，總算把事情辦妥了，回程接到電話，呂媽媽已完全清醒，希望大夥能到她家坐坐，好

讓她能親自奉茶致謝，蔣姐希望妹妹暫時住在她家，一來可以天天禮佛，開班時又可以排桌椅、打毛巾，還可以聽道理，呂媽媽完全同意，對大家的恩情，她銘記在心。

十二月八日，後學到高雄路竹蔣姐家學講，呂媽媽負責打毛巾，身上的邪氣已完全消散了，兩眼還散發著原有的慈祥光芒，看不出她曾中邪過，她也表示可以學著吃素，但願有福份跟大家一起好好修道。聖誕節那天，天惠堂舉行今年度的清口當愿，呂兄和媽媽也來立愿，恭禧他們，感謝天恩師德。

天恩師德感應篇〈二十四〉

至誠講堂的故事

遊大馬檳城榴槤山

蘇壇主，三十六年次，台北市人，從事鋁門窗製作，生意興隆，工作應接不暇，老婆及兩個兒子皆來幫忙，還是忙得團團轉，甚至連除夕當天都還要加班趕工，尚未過初五「隔開」，即已開工賺錢。兒子皆已結婚，媳婦也都在上班，小女兒待字閨中，也在電腦公司上班，一家人皆在「生產」，合家團圓平安。蘇壇主萬分感激，這一切皆是上天的恩典，只要道場有需要，不論是財力或是勞力的佈施，他都不落人後，積極奉獻。

元慶堂緣起緣滅是非煩
至誠堂有情有義重擔扛

蘇壇主家住南港，整合班在元慶堂上，後學正好在那兒主班，他們夫妻的出

席率很高，但整合班兩週才上課一次，成全力道有待提升。正巧天惠堂有「新民班」，每個週五皆可開班，為了成全更多的諸親好友，便申請在自家開新民班，老點傳師慈悲派後學去主班。為了讓開班的空間能夠大些，不惜將二個房間打掉，因為二個兒子婚後皆搬到外面住，小女兒也跟二哥同住，家中只剩下他們二老，只要保留一個房間就夠了。主壇務吳兄和眾壇務都很用心，很努力的作成全，全班的出席率很高，效果很好。

元慶堂白天是畫室，晚上來學畫的也不少。去年底畢班前，林壇主明白告知，不便再借給道場使用。蘇壇主聽到這消息，立刻向後學表示，可否將整合班移到他家開，另有楊姐也很積極爭取。班後後學帶著幾位幹部到楊姐家探勘，中堂設在二樓哥哥家，她住三樓，可以將客廳和一個房間打掉，上課的空間就夠了，後學問她：「只剩下一個房間夠用嗎？」她表示房間留給她兒子，她自己可以到其他樓層住，因整棟是父母留給他們兄妹的。後學很感恩他們兄妹的護道精神，但比較一下，還是蘇壇主家比較方便，中堂和教室都在一樓，老菩薩們來開班可以不用爬樓梯，出席狀況應該會比較好。

決定到蘇壇主家開整合班，令他們高興不已，夫妻倆商量好，可以睡到閣樓上，將廚房移往後面，如此一來講堂就更寬敞更方正了，利用年假到開班前的空檔，將整個家重新改裝，地板是新的大方塊磁磚，天花板改成輕鋼架，照明非常亮，壇務們輪流來刷油漆，整個中堂煥然一新，可以擺放六十多個座位，中堂和講堂有半堵牆區隔，中堂這邊亦可以坐十多位，可惜看不到黑板，蘇壇主特別定製一大面鏡子，掛在黑板左邊的牆上，如此透過鏡子的折射，後學雖然坐在中堂的最旁邊的角落，也可以看到講師和板書。很聰明，很用心，一切都安排的十分圓滿。

開整合班的中堂，必須有團體會員證，後學親自幫他填表申請，老前人慈悲特別賜名「至誠講堂」，鼓勵蘇壇主能全家修道，誠心感天。九十六年的整合班

就改在至誠講堂上。而原週五的新民班改為「地方班」，也在週三上，即兩週上整合班，兩週上地方班，每個週三都要上課，週五就不用了，大家都不會記錯，出席狀況好很多。

發大愿　業力牽纏方可破
現真心　幾番風雨終必安

吳姊，四十四年次，宜蘭人，很傳統的女生，嫁給蘇壇主後，不但能相夫教子，還作點小生意貼補家用。早上在奉天宮山腳下賣春卷，生意好到不敢休假，下午則到工地幫忙看頭看尾做點零工，並給父子們送些茶水點心，兒子們都很孝順，婚後就請媽媽不用再賣春卷了，多照顧自己和全家人的身體就好，因為早上六點多就開市，經常一大早五點不到就得起床作準備，真的很辛苦。全家人都希望吳姐多休息，多用點心力在道場上。

農曆年前，輪到天惠堂值班，正巧碰到從馬來西亞回國看病的李點傳師，知道她的「責任」已近完成，只剩下一個女兒未嫁，大夥便勸她多出國了愿，尤其檳城道務還算宏展，但駐堂人員的年紀都有一把了，最近好幾位不是牙痛，就是眼睛痛，經常要回國看病，常因找人代班而困擾不已，雖然吳姐也年過半百，但身體還很硬朗，又能做事，真是出國開荒的好人才，吳姐因從未出過國，心中有些遲疑和恐懼，經過大夥的開導和鼓勵，她總算承諾，「只要後學做得來，後學就安排一個月的出國了愿。」大夥讚嘆她功德無量。

就在吳姐發愿的隔天，今年的正月初十，上午十一點左右，大兒子阿中當時在新店一家鐵工廠上班，當天的工地是一棟四樓公寓的頂樓加蓋上，因石綿瓦已老舊腐朽，一腳踩空，竟然應聲破裂，人就掉到四樓地面，左臉輮的眉眼旁，被瓦片割傷，一時血流如注，同事們立刻將他送醫急救，縫了二十多針，雖破了相，手腳還有些許擦傷，但無生命的危險，只要休養幾天就好了，老板還勸他：「你家鋁門窗的生意那麼好，我看你還是在家裡多學著點，老爸也六十好幾了，你趕快學會，好讓他早點退休。」因為工作忙碌，經常要加班趕工，所以初級部的課也就沒上了，吳姐同意兒子回家「接棒」，這樣時間好控制，晚上開班才趕得上。「還好昨天在李點傳師面前許下大願，今天才能大事化小。」吳姐心中明白，虔誠的千叩首感恩。

清明後，吳姐如願到檳城學習，行前卻有諸多考驗，先是蘇壇主扭傷了腳而不良於行，背部又長個大濃疱，痛得他坐立難安無法工作，吳姐須全天侍候，竟然她自己也坐骨神經痛，只要手腳用點力動一下，全身就痛得受不了，躺下來就不能順利起身，非得有人扶持才行。蘇壇主建議她向李點傳師報告真相，等病好了再去也不遲。吳姐說：「一切都安排好了，」那邊的駐堂人員也已準備好回

國，不去怎麼可以。」吳姐責任心重，斷然拒絕蘇壇主的好意，蘇壇主還虧她：「你是要出國服務，像這樣可能得勞駕大馬的學長來服務你呢！」

吳姐還是拖著疼痛的身軀和李點傳師一起飛出去了，雖然是第一次到檳城，卻有一見如故的好感，道親們的熱絡和誠懇，讓吳姐的恐懼感在不知不覺中消失，雖然坐骨神經痛仍在，但還可以承受。第三天的晚上和謝講師同房，謝講師讚嘆她福報大，才能出國了愿一個月，像她只能來五天，明天又得趕回台灣上班，真希望能早點退休。吳姐向她提及出國前的諸多不順，害她差點就不能成行，謝講師恭禧她：「這一定是上天借考，要驗明妳是真心要來了愿，還是想趁機出國玩玩，恭禧妳，這關考過了。」隔天起床後，全身的疼痛竟然不藥而癒。吳姐再一次虔誠叩首，感謝天恩師德加被，也立刻打電話回台灣，請蘇壇主放心，讓全家人一起分享這份榮耀。

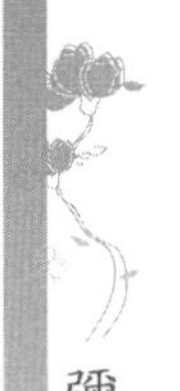

感天恩　四樓墜下幸無恙
勤修道　渡親化友登慈航

蘇壇主有四個兄弟，他排行第三，除大哥外，皆有清口茹素。二哥的女兒阿如，嫁給陳兄，婚後住在南港醫院旁的四樓公寓，有個兒子未滿二歲，五月二十日特別為他申請辦道，當天共有六人求道，正好輪到後學點道，講三寶時，小兒子說肚子餓，吵著要吃東西，蘇壇主引導他們一家三人到後面點傳師休息室，一邊餵小孩吃東西，一邊和後學閒話家常。他們夫妻在小時候就求過道，但因「求學、工作、結婚、生子」，一長串的功課要作，因此幾乎不再進道場，今天是因為這兒子，在一週前，即十四日的上午九點半左右，蘇姐正在晾衣服，兒子站在椅子上向窗外張望，突然沙窗發出怪聲，趕快回頭一看，沙窗和小孩一起掉下去

了。她慘叫一聲，把還在睡夢中的陳兄驚醒，連滾帶爬的衝到一樓，看到兒子已被三樓的好友陳太太抱在懷中，還哇哇大哭，心想還哭得出來，應該還有救，蘇姐也趕下來了，也愣在一旁全身發抖，陳太太知道他們夫妻都已嚇得「腿軟」，只好自己先抱著小孩就往南港醫院衝。急診室的醫師詳細檢查小孩的全身外表，發現只有背部和手腳有些許擦傷，沒有任何明顯的外傷和流血，但醫生怕有內傷或腦震盪，建議他們轉到馬偕去作觀察，在馬偕住院再檢查，醫生說一切正常，可以回家了。全家人都感謝天恩師德，讓陳小弟逃過一劫。

陳兄說：「點傳師慈悲，老爸叫我考慮一下，把兒子的名字改一改，看會不會比較平安，比較有好運。」後學請問他，名字是誰取的？他說花了幾百元請某人取的。後學說：「改名字，是人民的權利，你兒子能大難不死，可見福報很大。若真要改，最好等他成年後自己去決定比較好。」陳兄又說：「老爸說改名字是個時尚，不但社會大眾會改，道場中也有很多人在改，不是嗎？」後學告訴

他，求道的時候，一定要報上「出生」時的名字，改過的都不算數。祖師們會這麼規定，一定有他的道理。至誠講堂每週三都有課，歡迎全家一起來，如此智慧一定提升，運勢也會變好。

感謝天恩師德，他們很歡喜的答應要來上課，還說大女兒也還沒求道，拜託蘇壇主下次辦道時，提前通知他們，他們會帶女兒和好鄰居們一起來求道，他們願意多渡些親朋好友一起來上課，感謝天恩師德。

寶光建德天合天薪班

天恩師德感應篇〈二十五〉

天時

夏日深潭戲水

二月十二日在世貿舉辦的第十九屆台北國際書展，輪到天惠單位顧攤位，又碰到幹部法會在天華山。後學家離世貿很近，便由後學代表前往關懷。現場遇到許多其他組線的點傳師，透過總會蕭祕書長介紹，大家相談甚歡。

蕭點傳師告訴後學，他最近很忙，書展還沒完，又要籌劃「祭天」事宜。後學勸他老人家，要以身體為重，別忙壞了身子，並私下請教他：「祭天」是古時天子才能作的大事，一貫道雖有真天命，但這是用來救渡蒼生，超脫生死輪迴的，而不是來「治世」的，由一貫道來負責「祭天」合宜嗎？是否換個名目比較好些？會場賓客絡繹不絕，還沒聊完，卻不得不中斷，沒想到這次見面竟成永訣，真令人徒呼奈何？後學只能無語問蒼天。

會場中遇到發一崇德李點傳師，他是台北市分會的副理事長。上班時，曾多次到他公司拜訪，也曾蒙他厚愛，到汀州路鈺德中堂學習幾堂講課。十年來各忙

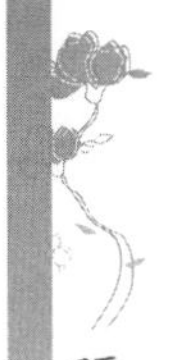

各的，難得今天又見面了，他說原有的空間不敷使用，已在南昌路的大樓買下第六樓，希望後學能去慈悲，當下敲定三月一日晚上七時三十分上課。他正巧要去印度一趟，詳情等月底前返國再談。

鈺德新中堂十分莊嚴殊勝，李點傳師慈悲讓後學自由發揮，後學就以「君子三畏」為題，個人修辦的經驗為例，充分的談了二個小時。或許是他剛回國，連絡不及，學員才四十多位，乾道尤其稀少。但有二位特別認真，還頻作筆記。課後李點師特別介紹這兩位學長跟後學認識，原來他倆剛隨李點傳師到印度了愿回來，他倆很恭敬的遞出名片，原來是歸國學人，都已取得博士學位後返國任教，鍾教授在台大醫學院，林教授在台北醫學大學，兩個各自有研究團隊，並合組成「讀書會」，學員全是道親，有十二人已清口，包含鍾、林二位教授。每月開一次班，最近一次在三月十九日，借用林教授的家開班。兩位教授力邀這堂課一定要請後學上，後學得知成員都是碩、博士，嚇得兩腿發軟，再三推辭，後學不敢班門弄斧，但林教授幾近哀求的要後學成全，李點傳師也再三懇求，真是盛情難卻，不得不答應了，但醜話可得先說在前面：一、後學未上過這麼「高層次」的班，十分心虛。二、後學不會講大道理，只能聊點小故事，怕登不上大雅之堂。如果諸位不嫌棄，那後學就硬著頭皮上台現醜了。當下敲定題目是「天道殊勝」，李點傳師也邀請後學三月十日再來學習。

第二次到鈺德，只見中堂裡擠滿了人，可見李點傳師很用心連絡，但因臨時加場，鍾、林二教授行程早已排定，今夜不能來，但讀書會有部分成員到場，林教授的助理陳姐也來了。這次後學以「地藏古佛慈訓」為題，滿足他們想聽植物人彈跳的顯化。課中並特別感謝讀書會的成員，讓後學多一次了愿的機會，話剛說完，眼前突然出現「天時」兩個大字，這是上天給後學的訊息，後學會意了，

針對這個高層次的班，要講跟天時有關的題目，正巧後學講過「末後一著」，幾乎都在印證天時，那就改成這個題目吧！等下課再告訴陳姐。

沒想到一下課，貴賓室就給道親擠滿了，全是坤道，大夥自動分批要跟後學聊幾句，後學也很樂意的一一成全，有些人竟然激動落淚，或許是攪動了他們心靈的痛處吧！這一耽擱已近十一點，陳姐已先離去，只好明天電話聯絡了。有位乾道學長等不到機會和後學聊，就跟到公車候車亭，車子快來了，後學留給他電話，改天再聊。

三月十一日上午十一點多，連絡上林教授的助理陳姐，請她轉達三月十九日的題目改成「末後一著」，並詳述昨夜上課中，收到上天的訊息，要後學跟大家聊聊「天時」，並將「末後一著」的講義傳真給他。她收妥後也回電，字跡很清楚，林教授也同意改題目。李點傳師更興奮的說，要通知更多的人來聽這堂上天

指定的課。下午二點多，突然覺得心神不寧，坐立難安，混身不對勁，看不下書只好打開電視看有什麼新聞，突然電視螢幕旁出現一串字：日本發生大地震並有大海嘯……這下後學終於明白了，為什麼昨夜上課時，老天突然指示後學要換題目。

搭捷運到南港站，林教授的車已在出口處等候，他說住家是他的祖厝，他住二樓，三樓全供給道場用，並安設中堂，賜名「星德中堂」李點傳師夫婦也來了。中堂的空間不大，卻坐無虛席，甚至連通道、玄關都擠滿了人。林教授先上台說明這堂課的因緣殊勝，李點傳師再介紹後學上台，並說明除了原有的讀書會成員外，多出一倍的人，都是聽到這堂課是上天指定的課而特別趕來參加。連新竹科學園區的中堂，也派了三位代表來取經。今天真是盛況空前，是星德中堂開壇以來，上課人數最多的一次。後學也沾到天恩師德，文思泉湧，從下午二點許

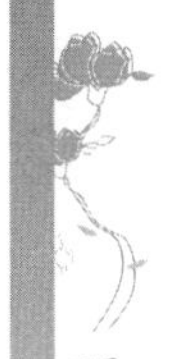

講到五時止，又有雙向溝通三十分鐘，也破了後學單次講課最長的時間記錄。

課程中後學提及，這世界不用發生核子戰爭，光是「核能災變」就足以天下大亂了。而一般百姓對「核災」都很陌生，包括後學在內，該作些什麼防護，也完全不懂。在座都是專家學者，一定有人在研究「核子醫學」，是否能表列一些核災的現況及應有的防範措施，在道場上先作教育……後學注意到，所有坤道學長都紅了眼眶，甚至有人痛哭失聲，激動不已。

課後李點傳師特別引介幾位上課時痛哭流涕的坤道和後學見面，除了表示歉意外，並告知他們對核災有深入研究，有二位還是竹科來的專家，希望後學能到新竹講課。今天她們是代表其他學長來，更希望其他學長能親耳聽到後學的課。尤其學員中還有六位是當地著名大學的教授。有這麼好的因緣，只要不衝堂，後學一定去了愿，李點傳師便安排在「五一勞動節」，讓後學去和大家結緣。

瑞周天曉單位有位楊壇主跟後學很熟，這期間正巧為他兒子辦婚事，特別送喜餅來，並邀請後學當「證婚人」。聽到這段改題目的顯化，驚覺天時有變，正巧新郎倌是「禪詩佛語」班的主壇務，邀請後學在四月十七日去學習「禮佛的意義」課程，也因此改成「末後一著」，道親聽眾，反應很好，感謝天恩師德。

國家圖書館出版品預行編目資料

彌勒淨土 / 李清勳著. -- 初版.--
新北市：宏道文化, 2012.03
面； 公分. --（天直系列；01）

ISBN 978-986-7232-74-8 (平裝)
1.一貫道

271.6 100027273

【天直系列 01】

彌勒淨土

作　　者／李清勳
發 行 人／詹慶和
總 編 輯／蔡麗玲
編　　輯／林昱彤・黃薇之・蔡毓玲・詹凱雲・劉蕙寧
美術編輯／陳麗娜・王婷婷
出 版 者／宏道文化事業有限公司
發 行 者／雅書堂文化事業有限公司
郵政劃撥帳號／19934714
戶　　名／宏道文化事業有限公司
地　　址／新北市板橋區板新路206號3樓
電子信箱／elegant.books@msa.hinet.net
電　　話／(02)8952-4078
傳　　真／(02)8952-4084

2012年3月初版一刷　定價120元

總經銷／朝日文化事業有限公司
進退貨地址／新北市中和區橋安街15巷1號7樓
電話／（02）2249-7714　傳真／（02）2249-8715
星馬地區總代理：諾文文化事業私人有限公司
新加坡／Novum Organum Publishing House (Pte) Ltd.
20 Old Toh Tuck Road, Singapore 597655.
TEL： 65-6462-6141　FAX：65-6469-4043
馬來西亞／Novum Organum Publishing House (M) Sdn. Bhd.
No. 8, Jalan 7/118B, Desa Tun Razak, 56000 Kuala Lumpur, Malaysia
TEL：603-9179-6333　FAX：603-9179-6060